바쁜 사람은
게으른 사람이다

윤인식

이 책은
함부로 읽어서는 안된다.

자신의 운명을
바꾸어 버릴 수도 있기 때문이다.

내가
「자발적 진화」를 읽고 그랬던 것처럼!

설명 : **특립독행** 特立獨行
자신의 주관과 소신을 확고부동하게 세우고 관
철시켜서 남의 도움이 없이 떳떳하게 세상에
나가는 것을 이르는 말이다. 저자의 삶의 철학
을 대표하는 글귀다

　　　　　　　　　 − 글씨 우보牛步 배성근

도서출판 **왕산**

바쁜 사람은
게으른 사람이다

초판 인쇄일 2025년 5월 30일

편저자 윤인식
표지그림 천윤숙
기획 편집디자인 최봉희
펴낸곳 도서출판 왕산
발행처 대구광역시 남구 이천로 19길 62-2
등 록 2004년 4월 19일 제 2013- 7호

전 화 010-8585-0386
팩 스 053) 215-4545
메 일 namoss@hanmail.net

979-11-89229-11-5   03120
값 18,000원

How to navigate the sea of suffering in life?
삶의 고해(苦海)를 어떻게 헤쳐나갈 것인가?

자발적 은퇴를 결행한 돈키호테를 지켜보는 즐거움…

십수 년 전 갑자기 자발적 은퇴를 결행하고서 앞으로 자신이 원하는 삶을 살겠다고 선언한 한 중년의 필자를 처음 만났다. 그는 감당키 어려운 큰 이상에 도취 되어 세상과 자신을 구원하겠다는 결의를 품고 출정하는 돈키호테 같았다. 평범한 일상을 살아내기에 급급한 대중들 속에서 그런 무모해 보일 만큼 도전적인 삶을 선택하는 사람이 있다는 것이 신기했다. 나는 감히 그런 시도를 할 수 없지만, 그런 용기 있는 내 이웃을 보는 것이 좋았고, 그 도전이 성공하길 바랐다.

나는 그를 가까이서 지켜볼 수 있는 행운을 가졌다. 호기심 반, 부러움도 반이었다. 예상치 못한 현실의 벽에 부딪혀 자신의 선택을 후회하지 않을까 괜스레 걱정되기도 했다. 그는 다양한 시도를 거듭했고, 그때마다 어린아이의 호기심으로 세상을 바라보고 탐구하고 자기를 돌아보며 자신을 수정해 갔다. 그는 짧지 않은 여정 속에서 오염되거나 다치기도 하고 했겠지만, 자기의 삶을 치열하게 살아내며, 그 자리에 차곡차곡 지혜를 채우며, 이제는 더욱 온전한 자신을 만들어가고 있다.

이 책 속에 담긴 깊은 통찰은 그가 자유의지로 선택한 삶, 즉 명상과 수행, 탐구의 과정에서 길어 올린 진실이며, 그의 본성이 지닌 선함에서 비롯된 결과물이다. 그의 글을 읽으며 나 역시 고민했던 주제여서 참 반가웠다. 그가 우주의 진리를 탐구하는 벼린 자세를 보는 처연함도 동시에 느꼈다. 어렵고 추상적인 주제를 간결하게 정리하고, 고전에서 인용한 비유와 글로 독자의 이해를 돕는 그의 섬세한 배려도 인상 깊었다. 그래서일까. 삶의 의미를 갈구하는 평범한 이들에게 이 책은 더없이 귀중한 모습으로 다가오리라 믿는다.

그는 환갑에 나이에도 자연스러운 소년의 얼굴을 간직하고 있다. 감출 수 없는 그의 순수함은 전염성이 있어, 이웃을 기쁘게 하고, 삶을 감사하게 돌아보게 한다. 이 책을 만나는 독자들에게 그가 전하고 싶은 마음 또한 그런 것이 아닐까.

2025. 어느 봄날

정재향(한빛치과병원장)

묵묵히 걸은 한 길, 코칭으로 세상을 구하려는 도전…

　십몇 년 전, 대책 없이 순수한 한 영혼을 만났다. 그는 소위 잘나가는 영어 선생이었음에도, 자신의 삶에 회의를 느끼며 뭔가 의미 있는 삶을 갈구하는 길잃은 방랑자 같았다. 그 과정에서 코칭을 매개로 나를 만났다. 그는 메마른 땅이 단비를 흡수하듯 코칭의 세계에 온전히 빠져들었다.

　급기야 그는 50 초반의 나이에 자발적 은퇴를 결행해버렸다. 아직은 학교에 다니는 세 자녀가 있음에도 불구하고, 혈연으로 맺어진 가장으로서의 책무를 저버리고, 함께 행복한 공동체를 건설하는데 헌신하겠다는 명분을 내걸고서 말이다. 그가 그 과정에서 겪었을 수많은 시행착오와 좌절과 고난의 시간은 짐작하고도 남으리라.

　그가 5년 전 낸 [당신을 위한 의자 하나]에 이어 두 번째 책을 출판한다.
　이번 책은 "티칭teaching의 시대는 갔다, 티칭teaching 말고 코칭coaching하라"를 모토로 상대가 가진 잠재력을 계발하도록 돕고, 스스로 문제 해결능력을 키우는 일에 헌신하면서 더불어 성장한 삶의 성찰 기록들이 고스란히 담겨 있다.

코칭의 본질은 존재로서의 만남이다. 코치의 역할은 그 존재가 애당초 온전한 존재였음을 자각하고 자기의 온전함을 드러내도록 돕는 데 있다. 코칭은 내담자와의 대화 과정에서 나 또한 하나의 온전한 존재임을 재확인하며 상호 성장하는 동반자 과정이기도 하다.

자신이 추구해온 본질에 흔들림이 없는 윤인식 코치는 시대 정신을 읽어가는 동시에 시대 정신을 창조하는 사람이다. 그러기에 나는 그가 시대의 아픔을 아우르면서 동시대 사람들과 함께 성장하는 훌륭한 코치로 더욱 빛나는 역할을 할 것이라 믿는다. 그가 가는 길에 무한 신뢰와 사랑을 보낸다.

25년 3월에
김민경 "괜찮아, 엄마는 널 믿어" 저자

난 오른쪽 눈 밑에 까만 점이 하나 있다.

간혹 어떤 사람들은 그 점은 눈물점이니 빼는 것이 좋겠다며 조심스레 권유한다. 그 말을 들을 때마다 나는 이런 말로 정중하게 그 권유를 뿌리친다.

"전 오히려 울 수 있어 좋답니다."

나는 누군가의 슬픈 사연에도 같이 아파하며 운다. 누군가의 기쁜 사연에도 감동하며 함께 운다. 답답할 때도 같이 붙잡고 울고, 강의하다가도 운다. 맨날 울어대니 내 별명이 울보가 되어버렸다.

우리 인생은 선택으로 짜인 태피스트리(씨실과 날실로 엮어 만든 직물 작품)와 같다. 내 인생에서 가장 후회되는 선택을 한 가지 꼽으라면, 12년 전에 가족과 협의도 없이 독자적으로 결행한 은퇴를 들 수 있다. 당시 연간 7,000만 원 정도 되는 수입을 포기하고, 가족 중심의 삶이 아닌 사회가 필요로 하는 삶을 살겠다는 거창한 명분을 걸고 수입 제로의 삶으로 과감히 뛰어들었다. 말 그대로 나 자신은 물론이고 아내와 세 자녀 모두 개고생하게 했다. 그 여파로 세 자녀 모두 스스로 생활비를 벌며 자립해야 하는 험난한 대학 생활을 해야 했다.

그렇지만 내 인생에서 이루어진 여러 선택 중에서 가장 훌륭한 선택을 하나 고르라면, 역설적으로 역시 12년 전에 결행한 은퇴를 택하고 싶다. 그 덕분에 나와 내 주변만을 바라보며 그저 살아남기 급급한 삶에서 벗어날 수 있었다. 삶의 진정한 의미는 무엇이며 어떻게 사는 것이 가치있게 사는 것인가에 관한 질문에 답하기 위해 세상을 넓고 깊게 보는 힘을 기르게 되었다. 생계를 위한 공부로 영어를 선택했던 과거와 달리 이제 양자 역학을 접하고 노자를 만나고 부처를 만났으며, 예수를 새롭게 해석하는 등 생과 사의 근본을 다루는 공부를 하게 되었다.

같은 사건이 가장 잘한 선택임과 동시에 가장 잘못한 선택이라는 역설적 현상이 곧 삶의 본질이지 않을까 싶다.

며칠 전에 페이스북에 짧은 글을 하나 올렸다.

나는 이 세상 삶에 실패했다. 그 덕분에 다른 세상을 만날 수 있었다. 세상의 삶에 실패한 내가 코칭이라는 직업을 택했다. 그리고 어떻게 사는 것이 참되게 사는 것인가를 코칭하는 아이러니가 이 책에 담겨 있다.

내가 두 번째 책을 쓸 수 있기까지 나는 참으로 많은 사람에게 도움을 받았다. 그중에서도 '한빛치과병원' 정재향 원장과 '한빛갤러리' 이선희 관장께 감사함을 전한다. 대책 없이 은퇴한 후 경제적 곤궁함과 고립무원에 처한 내게 아름다운 갤러리 공간을 마음껏 사용할 수 있도록 배려해 주셨다. 또 내가 운영하는 단체에 후원을 아끼지 않은 넉넉함을 보여 주셨다. 이것을 '감사'라는 단어 하나에 담기에는 부족함이 많다.

남편과 아버지라는 든든해야 할 울타리를 스스로 걷어차 버렸다. 준비 안 된 가족들을 황량한 광야에 내팽개쳤다. 그러나 나를 크게 미워하거나 원망하지 않고 아직도 남편과 아버지로 받아들여 주는 아내와 세 자녀에게 미안한 마음과 고마움을 전한다.

무엇보다 나를 코칭의 세계로 이끌어 주신 대한민국 코칭 세계의 선구자가 떠오른다. 전교 꼴찌 아들을 전교 1등으로 키워낸 분이다. ≪괜찮아, 엄마는 널 믿어≫의 저자인 김민경 코치께 많은 빚을 졌다. 평생 감사하며 살아갈 것이다.

마지막으로 코칭의 세계에 입문하여 따끔한 질책에도 불구하고 성장과 깨어남을 향해 정진하고 있는 여러 코치께 무한한 존경과 감사의 말씀을 전한다.

2025년 4월을 보내며
'갤러리 한빛'에서

목 차

contents

목차

contents

영문도 모르고 바쁜 그대에게

고대 인도의 우화적인 구비 설화를 중심으로 엮은 이야기 책이 있다. 사람들의 어리석음을 일깨워 올바른 삶과 믿음의 경지에 이르게 하는 ≪백유경百喩經≫이라는 불교 경전이다.

그중 하나의 이야기를 옮겨 읽어 보자.
옛날 어떤 사람이 북인도에서 남인도로 가서 거기서 오래 사는 동안에 그곳의 여자를 맞이하여 부부가 되었다. 어느 날 그 아내가 남편을 위해 음식을 차렸다. 남편은 급히 먹느라고 뜨거운 것도 생각지 않았다. 아내는 이상히 여겨 그 남편에게 말하였다.

"여기는 사람을 겁탈할 도적도 없는데, 무슨 급한 일이 있

16

어 그처럼 바쁘게 드십니까?"

남편은 대답하였다.
"비밀리 좋은 일이 있는데 당신에게는 말할 수 없소."

아내는 그 말을 듣고 이상한 일이 있으리라 생각하고는 간곡하게 물었다.
"우리는 한평생을 함께 살아가야 할 부부인데, 비밀을 밝힐 수가 없다고 하니, 내가 당신과 함께 살아갈 이유가 어디에 있겠습니까?"

남편은 아내의 이런 결기에 찬 말에 한참 만에야 결국 이렇게 대답하였다.
"우리 조부 때부터 항상 음식을 빨리 먹는 법을 지켜 왔소. 나도 지금 그것을 본받기 위해 빨리 먹는 것이오."

이 글의 주인공은 자신이 왜 밥을 빨리 먹는 이유도 모른 채 조부 때부터 해왔다는 이유 하나만으로 밥을 빨리 먹는 어리석은 행동을 반복해 오고 있다. 아마도 조부 때는 밥을 빨리 먹어야 할 어떤 절박한 이유가 있었을 것이다.

밥은 부족한데 공동체로 생활하면서 빨리 먹어야 조금이라도 더 먹을 수 있어서 그랬을 수도 있고, 집안이 가난하니 밥 먹는 시간이라도 아껴서 생산 활동을 힘쓰기 위해 그랬을 수도 있고, 남의 종이나 노예로서 살다 보니 빨리 먹지 않으면 주인에게 눈총을 받거나 혼이 나서 그랬을 수도 있었을 것이다. 그러나 지금은 상황이 바뀌어 그래야만 할 조건이 아닌 데도 옛날에 하던 일이니 지금도 해야 한다며 비합리적인 행동을 반복하고 있다면, 어리석은 사람으로 비웃음을 당하지 않을 수 없을 것이다.

'베르나르 베르베르'가 쓴 ≪상상력 사전≫에 「침팬지들을 상대로 한 실험」이라는 꼭지 글이 있다. 이 글도 함께 살펴본다.

비어 있는 방에 침팬지 다섯 마리를 들여보낸다. 방 한복판에는 사다리가 세워져 있고 그 꼭대기에는 바나나가 놓여있다.

한 원숭이가 바나나를 발견하고 그것을 먹기 위해 사다리로 기어오른다. 하지만 원숭이가 바나나에 다가가자마자 천장에서 찬물이 분출하여 원숭이를 떨어뜨린다. 다른 원숭이들도 사다리를 타고 올라가 바나나를 잡아 보려고 한다. 모두가 찬물을 뒤집어쓰고 결국 바나나를 차지하겠다는 생각을 포기한다.

그다음에는 천장에서 찬물이 분출하지 않게 해놓고 물에 젖은 원숭이 한 마리를 다른 원숭이로 대체한다. 새로 들어온 원숭이는 천장에 놓인 바나나를 발견하고서 사다리를 타고 오르려고 시도한다. 그러자 원래부터 있던 원숭이들은 새로 들어온 원숭이가 사다리로 올라가는 것을 말린다. 저희 나름대로 새 원숭이가 찬물을 뒤집어쓰지 않게 하려고 애쓰는 것이다. 새 원숭이는 그들의 행동을 이해하지 못한다. 그저 다른 원숭이들이 자기가 바나나를 먹지 못하도록 방해하는 것으로 보일 뿐이다. 그래서 그는 완력을 쓰기로 하고 자기를 제지하려는 원숭이들과 싸운다. 하지만 한 마리 대對 네 마리의 싸움이라서 새 원숭이는 뭇매를 맞고 결국 포기하고 만다.

다시 물에 젖은 원숭이 한 마리를 새 원숭이로 대체한다. 그가 들어오자마자 앞서 교체되어 들어온 원숭이가 덤벼

들어 그를 때린다. 그게 새로 들어온 자를 맞이하는 방식이라고 저 나름으로 이해한 것이다. 새 원숭이는 사다리가 있다는 것을 알아차릴 겨를도 없었다. 말하자면 구타 행위는 이미 바나나와 무관해진 셈이다.

물을 뒤집어쓴 나머지 세 원숭이도 차례로 나가고 대신물에 젖지 않은 원숭이들이 들어온다. 그때마다 새로 들어온 원숭이는 들어오자마자 매질을 당한다. 신고식은 갈수록 난폭해진다. 급기야는 여럿이 한꺼번에 달려들어 새로들어온 원숭이에게 뭇매를 놓는다.

여전히 바나나는 사다리 꼭대기에 놓여있다. 하지만 다섯 마리 원숭이는 바나나를 잡으려다 물을 뒤집어쓴 적도 없으면서 그것에 다가갈 생각조차 하지 않는다. 그들의 유일한 관심사는 뭇매를 맞을 새 원숭이가 어서 나타나기를 기다리면서 문을 살피는 것이다.

이 이야기의 핵심을 요약하면 이렇다.

사다리 꼭대기 바나나 먹기-찬물 저지-모두 포기-신입 원숭이 바나나 먹기 시도-무의미한 시도 저지를 위한 집단 폭력-신입 원숭이 등장 때마다 영문도 모르는 폭력

가해 — 신입생 맞이하는 폭력의 통과의례화 通過儀禮化

어렸을 때(1970년대 중 후반) 교회 다니면서 배운 오락이 있다. 친교를 위한 만남에서 자기 이름을 소개하고 서로 이름을 빨리 익히기 위해서 가락에 맞추어 이렇게 하고 놀았다.

"바쁘다 바빠, 인식이 바빠, 닭 다리 잡고 ○○ 삐약!"

이 시기는 산업화에 접어들면서 가난에서 벗어나려고 모두가 새마을 운동 노래를 아침부터 부르며 살았던 시절이다. 열심히 일하고 바쁘게 살아야 후진국을 벗어나 중진국 대열에 들어간다는 구호에 세뇌되어 살다 보니, 놀이마저도 바쁨이 좋은 것이라는 개념에 지배받게 되었다. 그래서 만나는 사람마다 "요즘 어찌 지내냐?"라는 인사말에도 "요즘 정신없이 바빠 죽겠어요!"라는 말이 자랑처럼 들리는 시절이었다.

지금도 우리는 바쁨을 강요당하는 시대에 '바쁨'을 '열심히'라는 말로 대치하여 자기 위안으로 삼으며, 정신없

이 바쁘게 살다가 자신을 잊어버리고 사는 사람들을 만나곤 한다. 과거 코칭을 공부하던 어느 분은 일하는 시간이 아까워서 비염 치료를 미루다 보니, 이제는 후각을 상실하여 급기야 음식을 먹어도 맛을 못 느낀다고 한다. 지금도 여전히 시간을 절약하기 위해 멀리 있는 반찬은 손도 안 대고 가까이 있는 음식만 빨리 먹고, 다시 일하러 가야 한다는 강박에 시달리며 일에 치여 살고 있다. 말 그대로 "바쁘다 바빠, 영란이 바빠, 닭 다리 잡고 영선이 삐약!"의 삶을 사는 것 같다.

그대, 그렇게 바쁘게 사는 진짜 이유는 무엇인가?

2

잘 묶지 않으면 풀려 버린다

선결무승약이불가해_{善結無繩約而不可解} : 잘 매듭을 지은 것은 노끈이 없어도 풀 수가 없다. 도덕경에서 만날 수 있는 말이다.

2011년 11월. 겉으로는 평범해 보이는 고3 수험생이 그해 3월 어머니를 흉기로 찔러 살해하고, 그 시신을 8개월이나 내버려 둔 것으로 드러나 세상에 큰 충격을 안겼다.

학교에선 별 탈 없어 보이는 모범생이 패륜범죄를 저지른 이유는 어머니의 학대였다. 거의 사흘을 잠을 못 자게 하고 공부만을 강요했다. 어머니는 "정신력을 길러야 한다. 밥이 고마운 줄 알아라."면서 밥도 굶겼다.

책상 앞에 앉아 잠깐 졸았다는 이유로 오후 11시부터 다음 날 오전 8시까지 9시간 동안 골프채로 200대를 맞았다. 당시 A 군의 아버지는 5년 전 집을 나가 연락이 끊긴 상태였다.

심각한 학대에 생명의 위협을 느낀 A 군은 결국 어머니를 살해했다. 잠든 엄마를 보고 화를 참지 못해 주방에서 칼을 가져와 어머니의 눈을 찔렀다.

잠에서 깨 아들과 몸싸움을 벌이던 A 군의 어머니는 "이렇게 하면 넌 정상적으로 살아갈 수 없을 거야, 왜 이러는 거야?"라고 소리쳤다. 이에 A 군은 "이대로 가면 엄마가 나를 죽일 것 같아서 그래, 지금 엄마는 모르는 게 너무 많아, 엄마 미안해"라는 말을 남겼다.

실제로 A 군은 전교 1등을 다투는 최상위권 학생이 아니었다. A 군은 고1 때부터 성적이 떨어지자 내신과 모의고사 성적을 어머니 몰래 고치기 시작했고 이를 어머니는 몰랐다. 실제로 내신 성적이 곤두박질쳤고 수능성적도 수리 7등급, 언어 4등급 수준이었던 것으로 알려졌다.

하지만 A 군은 전 과목 100점에 전교 1등으로 성적표를 조작했고, 전국 순위도 60등 정도로 고쳤다. 이 때문에 어머니에게 그는 최상위권 학생이었다. 하지만 이 성적에도 어머니가 만족하지 못하고 매의 강도와 빈도를 높이자 A 군은 범행을 결심했다.

이상은 서울신문 2024년 6월 18일 자에 실린 기사 내용 중 일부이다.

2024년 6월 24일 유튜브 채널A의 '탐정들의 영업비밀'에는 '비명과 함께 사라진 100억 자산가 엄마! 엄마를 위험에 처하게 한 소름 돋는 인물들'이라는 제목의 영상이 게재됐다.

냉면 장사로 100억대 자산을 모아 아들 둘과 딸 하나를 뒷바라지한 60대 여성 A 씨는 해외에 살고 있던 딸과 전화 도중 외마디 비명과 함께 흔적도 없이 사라졌다.

딸은 엄마가 실종되었는데도 어머니의 행방을 찾는데 미온적인 태도를 보이는 오빠들을 의심했다. 이에 사건을 사립 탐정들에게 의뢰했다, 의뢰를 받은 탐정들은 근처 차량 블랙박스를 확보해 A 씨가 구급차에 강제로 태워지는 모습을 포착했다.

진상을 파악하고 보니, 큰오빠가 우울증을 핑계 삼아 엄마를 정신병동에 강제 입원시킨 것이었다. 병원에서 짧게 면회한 엄마는 딸조차 알아보지 못할 정도로 무기력한 상태였다. 주변 사람들은 "명절 빼곤 안 오던 아들들이 하루가 멀다고 집에 찾아오더라. 올 때마다 가진 재산 빨리 내놓으라고 닦달했다."라는 증언을 하기도 했다.

이 두 기사를 읽으면서 '매듭을 잘 지은 것은 노끈 없이 묶어도 풀 수가 없다.' 라는 노자의 충고가 더욱 강렬하게 다가온다. 자식을 자신의 소유물처럼 여겨서 자신의 자존감을 높이려는 도구로 이용한 어머니나 어머니의 재산을 갈취하기 위해 정신병원에 가두고 그 돈을 탐한 두 아들을 접하면서 잘 매듭을 짓지 못하면 천륜으로 묶어진 부모와 자식 간의 관계도 이처럼 허무하게 비극적으로 풀려 버릴 수 있음을 알게 된다.

그렇다면 어떻게 묶어야 잘 묶는 것일까?

나는 연구실 옥상에 재미 삼아 약간의 채소와 화초를 키우고 있다. 점심과 저녁을 주로 연구실에서 해결하기 때문에 때가 지난 음식들이 신선도가 떨어지거나 약간 상할 때가 있다. 그러면 그것을 먹기도 좀 그렇고 그냥 버리기도 아깝기도 하여 옥상 화초에 거름 삼아 올려놓는다. 그런데 어느 날 옥상에 올라가는 데 새들이 지저귀는 소리가 제법 요란하게 들려왔다. 살금살금 살펴보니 몇몇 새들이 아침에 내놓은 음식들을 먹느라 분주하다. 새들 지저귀는 소리가 경쾌하고 그 모습들이 아름다워 살펴보려고 모습을 드러내니 부리나케 도망을 가버린다.

그렇게 몇 달을 보내면서 일부러 먹이를 놓아주기도 했다. 그런데도 그 먹이가 며칠이 지나도 그대로 남겨져 있었다

27

아마도 내가 내놓은 먹이를 그들이 의심스러워서 먹기를 주저했던 것 같다. 또 그렇게 시간이 흘러가면서 서서히 내가 제공하는 음식에 대한 경계심을 늦추더니 어느 날은 내가 등장해도 재빨리 도망가지 않는 새가 생겨나기 시작했다. 그렇게 우리는 멀지도 가깝지도 않은 친구처럼 지내는 날들이 시작되었다. 나는 그들을 억지로 새장에 가두려 하지도 않고 내 곁에 인위적으로 가까이 두려는 마음도 없이 그저 마음 내키면 먹이를 주고 그들 또한 마음 내키면 내가 내어놓은 먹이를 탐하러 왔다가 필요한 만큼 먹고 날아가 버린다.

이제 종종 그들은 내 주위에서 한가롭게 먹이 활동을 하고, 나는 그들을 지켜보며 자연과 합일된 것 같은 흉내를 내며 시간을 보내기도 한다. 나는 일부러 규칙적으로 혹은 자주 먹이를 주지는 않는다. 자칫 그들이 내게 구속될 위험을 알고 있기 때문이다. 그들이 스스로 먹이 구하는 활동을 하도록 방치를 하는 것이 내가 그들의 생존을 위해 돕는 것이다. 내가 먹이 주기만을 기다리게 만든다면, 나는 그들에게 필요한 존재가 되어버려 오히려 그들의 자생력을 해치게 되기 때문이다.

나는 어쩌다 한 번씩 내가 필요한 때에 재미 삼아 먹이를 제공하기 때문에 그들은 내게 구속당하지 않는다. 그래서 그들과 나는 노끈을 사용하지 않고도 잘 묶인 관계를 유지하는 것이다. 구속한 바가 없으니 해방이 필요가 없고, 묶지 않았으니 풀 필요가 없는 것이다. 이것이 바로 잘 매듭을 지은 것은 노끈으로 묶지 않아도 풀 수가 없는 이치가 아니겠는가?

혼인 서약을 통해서 묶인 부부관계도 손쉽게 곧잘 풀려서 이혼하는 경우가 많다. 사실 나는 결혼식마다 행해지는 혼인 서약식을 보면서 씁쓰레한 감정을 피할 수가 없다. "얼마나 서로를 믿지 못하면 서약까지 하는 것일까?" 하는 생각이 들기 때문이다. 나는 이 서약식이 이미 풀려 버릴 것을 두려워하는 심리에서 비롯된 서로를 억지로 묶어두려는 요식행위에 불과하다고 여긴다.

자신이 하는 일이나 공부도 잘 묶어야 풀리지 않고 큰 성취를 이룰 수 있을 것이다. 천륜으로 묶인 부모와 자식 관계조차 풀려 버리는 지금의 현실에서 잘 묶는다는 것이 얼마나 중요한 일인지 위에 제시한 두 기사를 통해서 잘 알 수 있을 것이다.

3

아, 몰라. 어찌 되겠지

석가모니는 이 세상에 4개의 큰 바다가 있음을 알았다. 그 세 개는 우리가 잘 알고 있는 태평양, 대서양, 인도양이다. 그러면 나머지 하나는 무엇인가? 바로 고통의 바다, 즉, 고해 苦海다.

우리는 이 고해 속에서 산다. 바다가 고통을 주는 이유는 무엇일까? 항상 잔잔하지는 않기 때문이다. 끊임없이 거센 바람이 불고 파도가 치고, 어디로 가야 할지 뚜렷한 이정표가 없는 망망대해이기 때문이다. 그렇지만 파도가 치지 않으면 더는 바다가 아니다.

우리의 삶이 고통의 바다인 것은 우리의 삶에도 끊임없이 파도가 치고, 불확실한 미래가 펼쳐지기 때문이다. 우리의 삶에 우여곡절이 없으면 마찬가지로 그것은 삶이 아니다.

이런 망망대해를 무사히 건너려면 바다를 읽고 파도를 넘는 기술을 끊임없이 연마해야 한다. 인생의 고해를 무사히 넘으려면 가야 할 올바른 방향을 파악하기 위한 지혜를 계발해야 한다. 삶에서 마주치는 수많은 문제를 해결하기 위한 능력을 길러야 한다. 그러기 위해서는 살아가면서 중단 없는 훈련이 필요하다.

다행히 고통은 고통으로 끝나지 않고, 우리에게 가르침을 준다. 단, 그 고통과 직면하여 그것을 해결하기 위해 고통과 씨름을 했을 때만 그렇다. 학교에서 어려운 문제를 풀기 위해 고뇌하고 씨름해서 그 문제를 풀었을 때 좋은 성적을 얻듯이 말이다. 그러나 내가 직접 풀지 않고 백지로 제출하거나 다른 사람들이 푼 답을 베껴 쓴 사람은 진짜 중요한 시험에서 좋은 성적 대신에 낙제 점수를 받게 마련이다.

그러므로 현명한 사람은 자신에게 닥친 문제들을 두려워해서 회피하거나 남에게 맡겨 버리지 않는다. 오히려 반겨 맞아서 그 문제가 주는 고통까지도 기꺼이 받아들이는 경향이 있다. 왜냐하면, 그 고통을 해결하는 과정에서 더 많은 배움이 있고 성장이 있다는 것을 알기 때문이다.

그러나 어리석은 사람은 삶에서 맞닥뜨리는 여러 가지 문제를 두려워서 피해 버리거나 내버려 둔다. 남이 해결해 주기를 바라면서 자발적으로 그것들을 해결하기 위한 노력을 하지 않는다. 그러면서 누군가 그 문제들을 해결하기 위한 어떠한 시도라도 하기를 권하면, 하는 말이 "아, 몰라. 어찌 되겠지. 힘들어."라고 하면서 외면해 버린다. 그리하여 문제를 질질 끌면서 저절로 없어지기를 바라기까지 한다.

다음의 '노숙자가 되어 버린 어느 여성'이란 우화를 읽어 보자.

어느 여성이 있었다. 삶에 지친 이 여성은 당면한 여러 가지 문제를 해결할 의욕도 상실하였다. 하루하루를 술에 의지하여 살아가고 있었다. 어느 겨울, 그날도 자신과 처지가 비슷한 사람들을 만나 신세 한탄과 세상에 대한 원망과 분노를 안주 삼아 술을 잔뜩 마시고 집에 들어왔다. 비틀거리는 몸을 겨우 일으켜 세우며 냉장고에 남겨 두었던 술을 꺼내 병나발을 불고 거실 바닥에 쓰러져 잠이 들었다. 그녀는 배변기를 느끼고 잠이 깨었으나 너무 취한 나머지 화장실을 찾지 못하고 급기야 거실 바닥에 변을 누고 그대로 잠이 들었다. 아침에 일어나 그 현장을 본 그녀는 그것을 치우는 것이 성가시고 귀찮았다. 그래서 "나중에 치우지"하면서 우선 화장실 안에 있던 바가지를 가져와 대충 덮어 두었다.

그러고서 또다시 밖에 나가서 술을 마시고 집에 들어오니 술 취한 정신에도 그 바가지 밑에 있는 거시기가 자꾸 신경 쓰이기 시작했다. 또한, 그 속에서 나오는 악취가 술 취한 코에도 견디기가 힘들었다. 급기야 냄새가 새어 나오지 않도록 바가지 주변을 청테이프로 둘둘 말아 봉쇄를 해 버렸다. 그리고 방에 들어가 잠을 잤다. 다음 날 눈을 뜨니 자신도 모르게 마음이 거실에 있는 바가지와 그 밑에 있는 배변에 쏠려 있음을 알게 되었다. 그녀는 거실에 나가기가 싫어지기 시작했다. 거실에 가면 그 바가지와 그 밑에 있는 배변 덩어리를 의식하지 않을 수가 없었다.

그래서 종일 거실에 나가지 않고 방안에만 있겠다고 결심을 했다. 그러나 종일 소변을 참기가 불가능했기에 부득이 밖으로 나가야만 했다. 방 밖으로 나가는 순간, 거실에 있는 배변 덩어리와의 대면을 피할 수 없기에 그것과 마주치지 않기 위해서는 가능하면 집 밖에서 늦도록 시간을 보내고, 집에는 겨우 들어와 잠만 자고 다시 밖에서 시간을 죽이는 삶을 반복해야만 했다. 오로지 거실에 놓인 바가지 밑에 놓인 배변을 직면하는 것을 피하기 위한 처절한 노력이었다. 그러다 봄이 오고 날씨가 따뜻해지기 시작했다. 그러자 그녀는 어느 날은 두꺼운 옷을 입고 집 근처 공원에서 밤을 지새우기 시작했다. 그렇게 시작된 하루 이틀의 노숙이

34

어느새 상시적인 노숙으로 변해버렸다. 멀쩡한 집을 가진 그녀는 이제 노숙자란 이름으로 불리며 하루하루 무료 급식소를 전전긍긍하는 삶을 살고 있다.

삶은 자신이 만든 문제든, 자신과 상관없이 생겨난 문제든, 여러 가지 해결해야 할 문제로 이루어진 고통의 바다다. 그 고통을 인정하고 그것을 해결하기 위한 노력을 통해 성장해서 그 고통이 변한 행복을 누리고 살아가야 하지 않겠는가?

물론, '아, 어찌 되겠지, 나는 힘들어서 못 해!' 하고 핑계를 대며 사는 것도 하나의 방법이다. 그러나 자신에게 부여된 문제 해결을 위한 최소한의 노력을 포기한 채 체념의 수렁 속에서 서서히 익사할 것인지는 스스로 선택할 문제다.
노숙자가 되어버린 그 여성의 이야기가 우리에게 시사하는 의미의 무게, 과연 어떻게 느껴지는가?

4

바쁜 사람은 게으른 사람이다

몇년 전 뉴스를 통해 알게 된 사실이다. 어느 중학생이 있었다. 학교에서 풀죽은 모습으로 귀가했다. 그는 거실 소파에 주저앉아서 설거지에 바쁜 엄마에게 말을 걸었다.

"엄마, 바빠요? 할 말이 있는데…"
"응, 바빠, 오랜만에 만나는 친구들과 커피 약속이 있어. 집 치우느라 늦었어."
"그래? 그래도 잠시 나랑 얘기 좀 하면 안 돼요?"
여전히 설거지에 바쁜 엄마는 쳐다보지도 않고 말한다.
"아니, 지금은 바쁘다니까! 그래, 하고 싶은 얘기가 뭔데? 다 듣고 있으니까 말해 봐."

그러자 그 중학생이 마지못해 말한다.

"우리 반에 갑자기 왕따가 된 친구가 한 명 있는데, 너무 불쌍해 보여. 그래서 나라도 친구를 해 주고 싶은데, 엄마 생각은 어때요?"

"그 맘은 알겠는데, 그러다 너도 함께 왕따 되면 어쩌려고 그래?"

그 학생은 한숨을 푹 쉬며 한마디 한다.

"그래, 알았어."

다음 날 아침 학교에 간다고 가방을 둘러매고 현관문을 나섰던 그 학생은 학교가 아닌 아파트 옥상으로 올라갔다. 그리고 꽃 한 송이가 땅바닥에 떨어졌다.

"그러다 너마저 왕따 되면 어쩌려고 그래?" 이 한마디에 마지막 희미한 희망의 등불마저 꺼져버린 그 아이가 선택할 수 있는 길은 어쩌면 그것뿐이었을 지도 모른다. 설거지를 비롯한 집안일과 친구를 만나고 놀러 다니느라 바빴던 엄마는 정작 소중한 아이의 마음을 읽는데 게을렀던 것은 아닐까?

이것은 다른 이야기다. 여러 가지 다단계 업종에 근무했으며 현재는 어느 업체의 소위 다이아몬드 직급을 유지하며 남들 보기에 부러울 정도의 화려한 생활을 하는 분이 있다. 그분과 어쩌다 한번 만나면 듣는 말이 있다.

"저 정신없이 바빠요."

그녀는 새로운 고객 창출과 매출 상승을 위해 수많은 단체에 가입하였다. 여러 공부 모임에 얼굴을 내밀며 일분일초도 허투루 쓰지 않는 말 그대로 슈퍼 커리어우먼의 대명사처럼 사는 분이다.

그렇게 바쁜 사람이 수개월째 연락이 두절 되었다가 최근에 근황을 들었다. 암 전문 치료원에 입원하여 요양 중이라는 소식이다. 이분은 다이아몬드가 되기 위해 정말 바쁘게

살았지만, 정작 자기 건강을 돌보는 데는 게으르게 산 사람
은 아닐까?

"세계는 넓고 할 일은 많다."라는 말을 남긴 전 대우 그룹
김우중 회장을 가장 존경한다고 말하며, 일생을 살았던 어느
지인이 있다. 그는 돈 되는 일이라면 무엇이든 하려고 했고,
실제로 여러 가지 사업을 하며 돈도 많이 벌었다. 그는 얼마
나 바쁘게 살았는지 밥 먹는 시간도 아까워서 그의 주식은
김밥이란 말이 있을 정도였다. 그는 밥을 늦게 먹는 사람을
사람 취급도 하지 않았다. 그에게 그런 사람은 한 마디로
'게으른 놈'이었다.

그렇게 열심히 일하면서 남들이 부러워할 정도로 큰 부를
이룬 그분은 70대 중반에 위암으로 돌아가셨다. 소화를 못
시켜 음식을 속 시원히 먹어보는 것이 그분의 마지막 소원
이었다고 한다. 그분이 생을 마감하기 몇 달 전에 만날 기회
가 있었다.

"지금껏 살아오면서 가장 큰 보람이 있었다면 어떤 것인지
말해 줄 수 있나요?"

"돈 많이 번 것? 아니야 그것이 뭐가 중요해. 가만히 생각해보니 보람 있었던 것이 아무것도 없는 것 같아."

"그런데 왜 그렇게 일, 일, 일하며 바쁘게만 사셨어요? 돈 벌기 위한 것 아니었나요?"

"처음에는 돈 많이 벌면 행복할 줄 알았어. 그런데 아무리 많이 돈을 모아도 만족이 안 되고 행복하지 않았어. 돈은 그만 벌어도 될 만큼 충분히 있었는데도 아무것도 안 하고 있으면 불안하고 견딜 수가 없었어. 뭐래도 해야 그 불안한 마음을 이겨 낼 수 있었지. 인생의 후반기는 불안감과 만나기 싫어서 뭐라도 해서 나를 바쁘게 만들어야 했기 때문에 일에 더욱 매달린 거야."

"불안을 피하려고 그렇게 바쁘게 자신을 일에 내몰았군요. 그렇다면 그 불안이라는 연기를 피우는 그 근본적인 불이 있을 것 같은데, 혹시 짐작되는 것이 있나요?"

"불안을 피워 올리는 불이라, 에이 몰라, 뭐 그런 게 있겠어?"

나중에 그분의 가족들이 전하는 바로는 그분은 엄격한 집안의 둘째 아들로 태어나서 공부도 잘하고 잘생긴 형에 비해 집안에서 존재감이 없었던 것 같다고 한다. 공부나 인물로는 형과 경쟁이 안 되니 부모나 주변의 인정을 받으려면 돈이라도 많이 벌어서 효도하는 길밖에 없었기에 그렇게 열심히 일해서 부모에게 인정받으려고 강박적으로 바쁘게 일에 매달려 살지 않았을까 추측해 본다. 돈 없으면 별 볼 일 없는 존재가 되는 것이 견디기 힘드니까 그렇게 열심히 일해서 돈을 벌었지만, 여전히 떠나지 않는 불안감을 떨칠 수 없었다. 그분은 위장을 공격한 큰 질병으로 인해 음식도 제대로 섭취할 수 없게 되었다. 몸이 빼빼 말라 병상에 홀로 고독한 시간을 견디다가 그토록 피하고자 했던 그 불안감과 두려움을 만날 수밖에 없지 않았을까?

그분이 병상에 누워서 결국 깨달을 수밖에 없었던 삶의 진리는 무엇이었을까?

진정한 마음의 평화는 자신을 불안하게 만드는 근본적인 원인이 무엇인가를 찾아서 해결하는 데서 오는 것이다. 그걸 직면하는 것이 두려워서 피하느라 자신을 바쁘게 만드는 것은 소중한 인생을 사소하고 잡다한 일에 낭비해버리는 우를 범하는 것이다. 그러니 잡다한 일에 바쁜 사람은 정작 중요한 일에는 게으른 사람일 뿐이다.

  죽어서 저승에 가면 저승사자가 가장 무겁게 심판하는 죄
가 두 가지가 있다고 한다.

  하나는, 중요하지 않은 일에 시간을 낭비한 죄.
  다른 하나는, 자신을 사랑하지 않은 죄.

  당신은 이 두 가지 죄에서 자유로운가?

5

스스로 멈추지 않으면?- 적가이지 適可而止

10여 년 전에 자발적으로 학교를 은퇴한 박 선생이 급하게 전화를 걸어왔다. 갑자기 다리에 힘이 없어 걷기가 힘이 든다며 병원을 알아봐 달라는 것이었다. 나하고 헤어지기 얼마 전까지만 해도 쌩쌩하던 분이 어찌 된 영문인지 궁금했다.

사연인즉슨, 3일 전에 지방으로 유적지 탐방을 다녀오면서 욕심을 내서 과하게 걸어 다니고, 다음 날도 산길을 오르내리며 체력을 끌어 썼는데, 여기에 그치지 않고 당일 새벽에도 파크 골프를 3시간이나 쳤다고 한다. 기분이 들떠서 있는 에너지를 최대로 끌어 쓰다 보니, 다리에 무리가 가서 그만 걷는 것이 힘든 지경에 이르러 병원에 입원하게 되었다. 그 사연을 알고 있는 그분 아내가 병원에서 타박하며 하는 말

43

씀, "브레이크도 안 밟고 달릴 때, 내 알아봤다" 그 소리를 들은 나도 한 마디 보탰다. "사모님 말씀이 명언이요."

내가 약 15년 전에 술도 끊고 담배도 끊은 적이 있다. 그러자 동료가 내게 말했다. 술 끊고 담배 끊는 사람치고 오래 사는 사람 못 봤다. 나는 그 말을 부정하지 않았다. 그 동료의 말이 틀리지만은 않았기 때문이다. 술이나 담배를 끊었지만, 오히려 빨리 죽는 사람은 사실 자발적으로 끊은 사람들이 아닌 경우가 대부분이다. 건강이 안 좋아 병원에서 진찰을 받은 결과 폐암이나 간암으로 판정을 받고 나서야 조금이라도 더 살려면 금연과 금주를 해야 한다는 의사의 시한부 사형 선고를 받은 연후의 행동이었기 때문이다. 자발적 멈춤이 아닌 강요된 멈춤이었을 뿐이다. 이미 늦었다.

적가이지適可而止라는 말이 있다. "더 갈 수 있지만 멈춘다." 라는 말이다. ≪논어論語≫에 나오는 말이다. 공자께서 음식에 관하여 한 말씀인데, 더 먹을 수 있지만 적당한 때 그치고, 더는 탐하지 말아야 건강에 해롭지 않다는 것을 강조한 것이다. 먹는 데에도 적당한 시점에 브레이크를 밟아야 한다는 말이다.

이 글을 쓰고 있는 2024년, 6월 시점에 아침을 맞이하는 것이 싫거나 각종 뉴스를 보기가 겁이 나는 사람들이 있다면, 아마도 윤석열 대통령도 그들 중의 한 분이 아닐까 싶다.

22대 국회의원 선거 참패와 각종 특별검사법 통과 요구 및 아내의 범죄 혐의에 대한 국민의 비판에 직면하여 하루하루가 고난과 고통의 연속이 아니었을까? 이분이 검찰총장이란 직책을 마지막으로 대통령을 욕심내지 않았더라면, 자연인으로서 좋아하는 술도 남 눈치 보지 않고 즐기고, 자기를 따르는 사람들과 호탕하게 어울리며 거칠 것 없는 삶을 살 수도 있었지 않았을까? 이분도 적가이지適可而止의 지혜를 자기 삶에 적용했더라면, 지금의 탄핵이라는 고난의 고비도 없지 않았을까?

≪도덕경≫에 '지족불욕 지지불태 가이장구知足不辱 知止不殆 可以長久'란 말이 있다. 만족을 아는 자는 치욕을 당하지 않고, 멈출 줄 아는 자는 위태롭지 않으며 오래 갈 수 있다는 말이다. 만족滿足은 발목까지 찬 것을 말한다. 목까지 찬 것을 말하는 것이 아니다. 발목까지 찼을 때 만족할 줄 알고, 거기서 멈출 수 있는 사람이 참으로 힘 있는 사람이다. 목까

지 차오르면 목숨이 위태하다. 앞으로 나가기도 어렵다.

지족자부知足者富라는 말도 있다. 만족할 줄 알면 부자라는 말이다. 만족을 모르고 너무 많이 먹어서 소화불량에 시달리고, 각종 위장병에 걸려서 목숨이 위태로운 경우가 많다. 그렇듯이 재산이나 권력 그리고 명예, 인기 등에 대한 지나친 욕망은 삶을 위태롭게 할 수 있는 흉기로 작용할 수 있다. 누구나 더는 나갈 수 없을 때는 멈추게 마련이다.

그러나 그것은 스스로 멈춘 것이 아니다. 할 수 없으니 어쩔 수 없이 멈추게 된 것이다. 더 할 수 있고, 더 먹을 수 있으며, 더 많은 재산을 모을 수 있고, 더 높은 지위에 오를 수 있으며, 더 많은 인기를 끌어모을 수 있지만, 적당한 지점에서 만족하고 멈추는 것이 참으로 힘 있는 자의 행동이다.

국민가수 나훈아 씨의 은퇴 장면의 변(辯)을 들으며, 이분이 바로 '적가이지'를 잘 실천하는 분이라는 생각을 해본다.

"마이크를 내려놓는다는 것이 이렇게 용기가 필요할 줄은 미처 생각지 못했습니다. '손뼉 칠 때 떠나라.' 라는 쉽고 간단한 깊은 진리의 뜻을 저는 따르려 합니다."

첨언 : 이 글을 탈고하는 이 시점(2025. 04. 10)에 윤석열 대통령은 이제 현직이 아닌 전직 대통령이 되어버렸다. 난데없는 비상계엄을 선포하여 전국을 혼란 속에 빠뜨리더니 급기야 탄핵 되어 대통령직이 박탈되어 내란 죄등 여러 가지 중대 범죄 혐의로 형사 재판을 받는 처지가 되어버렸다. 스스로 멈추지 않은 욕망이 빚어낸 대가가 가혹하고 참담하다.

두 번째 화살에 맞지 마라

2014년 4월 16일 세월호.

내 친구의 딸도 그 배를 타고 수학여행을 가던 '단원고' 학생이었다.

실종된 후 한 달여 만에 시체를 찾아 장례를 치르게 되어 장례식에 참석했다. 내 친구는 딸의 비보悲報를 접하고 나서 그날까지 식사를 거부한 체 술만 마셨다고 한다. 그래서인지 얼굴이 거의 검은색에 가까웠다.

10년의 세월이 흘러 세상을 원망하며 술로 날을 지새우던 그 친구가 실명했다는 소식이 들려왔다. 그로부터 6개월 후 드디어 그토록 보고 싶어 했던 딸을 만나러 돌아오지 못할

강을 건넜다는 부고장이 날아왔다.

다윗은 기독교 ≪구약성경≫에 등장하는 지혜의 왕 솔로몬의 아버지다. 그 유명한 다윗과 골리앗의 주인공이다. 다윗왕은 신하의 아내였던 밧세바와의 사랑을 통해 귀한 아들을 낳았다. 그런데 그 아들이 그만 중병에 걸려 생사의 갈림길에 섰다. 다윗왕은 식음도 전폐하다시피 하며 국정도 돌보지 않고 사랑하는 아들을 살리기 위해 하나님께 간절히 기도하는 것은 물론, 할 수 있는 온갖 것을 마다하지 않았다. 그러나 그의 간절함도 헛되이 아들은 그만 죽고 말았다.

그런데 다윗왕은 아들의 장례를 치르자마자 목욕 재개하고 예전처럼 왕좌에 앉아서 국정을 돌보기 시작했다. 그러자 신하들과 주변 사람들이 한마디 하기 시작했다.

"아니 사랑하는 아들이 죽었는데 아무런 일이 없었던 것처럼 그렇게 곧바로 국정에 전념할 수 있나요? 너무 무심한 것 아닌가요?"

이에 다윗왕은 이렇게 대답했다. "내가 이제는 할 수 있는 것이 없다. 아들이 죽기 전에는 그를 살리기 위해 기도하고 의사를 찾아서 치료에 노력했지만 이미 죽고 난 마당에 내가 더는 무엇을 할 수 있겠는가?"

내 친구는 세월호 사태로 인해 귀한 딸을 잃고 생활을 포기한 채 술만 마시다가 10년 후 그토록 보고 싶은 딸 곁으로 갔다. 반면 다윗왕은 그토록 애지중지 사랑하던 아들을 잃었지만, 의연히 자신의 본분을 지키며 국정을 운영하였을 뿐만 아니라 역사에 기록되는 지혜 최고의 왕 솔로몬을 낳았다.

모두 자식의 죽음이라는 첫 번째 화살은 피할 수 없었지만, 그 후 그 죽음에 대처하는 방식은 서로 달랐다. 다윗왕은 첫 번째 화살만 맞는 데 그쳤지만, 내 친구는 첫 번째 화살뿐만 아니라 두 번째, 세 번째 화살에 연거푸 맞아서 삶을 돌보지 않고 실명까지 하며 고생하다가 유명을 달리했다.

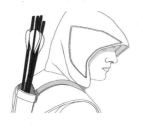

"부디 두 번째 화살에 맞지 마라."
이 말은 부처님 말씀을 전하는 불경 중의 하나인 ≪잡아함경≫에 등장하는 말이다.

첫 번째 화살에 감사하라

학원에서 수학을 강의하며 고수입을 자랑하던 내 친구가 있었다. 12시에 수업을 마치면 뜻 맞는 동료들과 새벽까지 2차, 3차 술자리를 달리는 것은 예사였다. 그러다 보니 건강이 악화하는 것은 물론, 아내와의 불화로 점차 강의에 대한 열정이 식어가고 수강생도 줄어들어 수입이 급격히 줄어들게 되었다. 술을 줄이고 건강을 돌보아야 했음에도 불구하고 오히려 과음의 회수가 늘기만 했다. 급기야 어느 날 늦은 술자리에서 동료와 과격하게 다투다가 폭행죄로 기소되어 합의금 외에도 징역 1년에 집행 유예 2년을 선고받게 되었다.

어느 날 그 친구에게서 문자가 왔다. 자신은 다시는 술을 마시지 않겠다는 선언이었다. 말 그대로 죽을 때까지 술을 끊겠다는 것이었다.

그로부터 어언 10년의 세월이 훌쩍 넘어 흘렀다. 최근 근황을 전해왔다. 다시금 건강을 회복하고 수업에 열중하다 보니 예전보다 오히려 수입이 많아졌고 부부간의 사이도 좋아져 살맛 난다고 자랑한다. 화가 복이 되었다며 활짝 핀 웃음을 감추지 않는다.

문득, 공자가 주역을 해설한 책으로 알려진 《계사전》에서 읽었던 다음과 같은 구절이 생각난다.

공자孔子가 생각하는 소인小人에 관한 이야기다.

1. 불치불인不恥不仁 : 부끄러움을 당하지 않으면 곤경에 처한 사람을 돕는 것 같은 어진 행동을 하지 않는다.

2. 불외불의不畏不義 : 비난을 받지 않을까 하는 두려움이 없으면 의로운 행동을 하지 않는다.

3. 불견리불권不見利不勸 : 이득이 없으면 선한 일을 하도록 권면 되지 않는다.

4. 불위부징不威不懲 : 무력으로 위협을 주지 않으면 부정한 짓을 그만두지 않는다.

그래서 공자는 이렇게 결론을 맺는다.

소징이대계小懲而大誡 : 작은 징계에 놀라고 두려워 크게 경계한다. 차소인지복야此小人之福也 : 이것은 소인의 복이다.

급기야 ≪계사전≫을 풀이한 중국의 석학 남회근 선생은 자녀 교육에 있어서 적절한 체벌을 가하는 것이 자녀가 생을 함부로 살지 않도록 예방주사를 놓는 것이라고 강조한다. 체벌이 곧 축복이라는 얘기다.

내 친구는 스스로 흠결 없는 삶을 살지는 못했지만, 폭행이라는 잘못을 저질러 징계받고, 그 일을 계기로 자신을 되돌아보고 새로운 삶을 살게 되었다. 이것은 그의 작은 잘못이 큰 복으로 돌아온 경우라 할 것이다.

우리의 삶은 항상 자신이 의도한 대로 되기는 힘들다. 삶에서 자신의 무지와 어리석음으로 여러 가지 불합리하고 어처구니없는 일들을 저지르기 쉽다. 문제는 자신이 의도하지 않은 첫 번째 화살을 맞더라도 그로부터 큰 교훈을 얻는다면, 오히려 그 화살이 전화위복의 계기가 된다. 삶이 더 아름다워지게 만들 수 있는 지혜를 얻는 것이 중요하다.

8

이미 열려있는 것은 열 수가 없다

≪도덕경道德經≫ 27장에서 이런 말을 만날 수 있다.

선폐무관건이불가개善閉無關楗而不可開 : 잘 잠긴 것은 빗장이
없어도 열 수가 없다.

'야, 놀자'라는 표어 아래 그동안 열심히 살았으니 이제는
돈 버는 일에서 탈피하여 잘 놀고 잘 쓰고 잘 베푸는 삶을 살
자는 사람들이 모여서 단체를 만들었다. 전남 구례에 있는
'소산당'이라는 전통 기와집 펜션에서 주인장 박찬호 대표
의 배려로 여러 명이 함께 숙박하게 되었다. 저녁에 그분의
안내로 근처에 있는 운조루雲鳥樓라는 고택을 둘러보다가 타
인능해他人能解라는 글이 적힌 쌀 뒤주를 만났다. 그 의미와

유래를 소개받고 신선한 충격을 받았다.

타인능해, '다른 사람이 쌀 뒤주를 열고 필요한 쌀을 가져갈 수 있다.'라는 의미를 지니고 있다. 약 3가마 정도가 들어갈 수 있는 뒤주에 쌀을 부어 놓고 필요한 사람들이 눈치 보지 않고 가져가라는 것이다. 춘궁기를 비롯한 배고픈 시절을 날 수 있도록 배려한 그 아름다운 나눔의 마음씨에 옷깃을 여미지 않을 수가 없었다. 특히나 직접 쌀을 배급하지 않고 남의 눈에 띄지 않고 스스로 쌀을 가져가 자존심을 지킬 수 있도록 배려한 그 마음씨가 또한 어찌 아름답지 않을 수 있겠는가?

지금 같으면 아무도 보지 않으니 욕심내서 혼자 잔뜩 가져다 독식할 수도 있었겠지만, 누구도 필요한 것 이상을 욕심내지 않았고 서로를 배려했다고 한다. 이것이 바로 '잘 잠긴 것은 빗장이 없어도 열 수가 없다.'라는 대표적 사례가 아닐까 싶다. 애당초 잠그지 않았으니 열 필요가 없는 것 아니겠는가? 열려있는 것은 열 수가 없는 이치가 바로 이것이다. 닫혀야 열지. 닫히지 않은 것은 열 수가 없다. 막지 않는 것은 뚫을 수가 없는 이치와 같다고 할 수 있겠다.

'동양일보'라는 신문 '동양 칼럼'에서 반영섭 씨는 이런 글을 썼다.

조선 시대 양반 부잣집 '운조루'가 일제 강점기와 6.25 한국전쟁을 거치면서도 230여 년간 불타지 않고 원형을 보존하고 있는 것은 바로 이 쌀 뒤주에 있다. 빨치산의 본거지였던 지리산 일대의 부자와 양반들은 목숨과 재산을 온전히 지키기가 힘들었다고 한다. 다른 부잣집들은 집이 불타고, 총에 맞거나 대창에 찔려 죽었지만, 류이주운조루 설립자씨 집안사람들은 죽은 사람도 없고, 운조루가 불타는 일도 없었다. 운조루가 전쟁 중에도 온전히 살아남을 수 있었던 것은 '타인능해'란 운조루의 철학 덕분이었다고 할 수 있다.

잠그는 것은 배제排除이고 배척排斥이다. 자연은 배제하지도 않고 배척하지도 않는다. 자연은 선한 사람이든 악한 사람이든 모든 사람에게 햇빛을 비추고 비를 내려 준다. 이처럼 누구를 배제하지 않고 배척하지 않는 상생相生의 정신은 자연 속에 있는 섭리이다. 바로 운조루의 타인능해他人能解 정신이 상생의 정신이 아니겠는가? 그러니 그 암울한 시절에도 해를 입지 않고 살아남았다고 할 수 있을 것이다.

자연은 자신의 곳간을 애당초 잠그지 않는다. 우리는 때가 되면 필요에 따라 자연이 무한정 제공해주고 있는 것들을 공짜로 꺼내 쓸 수 있다. 그렇다고 아무 때나 우리가 원하는 것을 마음대로 꺼내 쓸 수 있는 것은 아니다. 오로지 시절과 계절 인연이 맞아야만 자연이 제공하는 것을 꺼내 쓸 수 있다. 가치를 매길 수 없을 정도로 귀한 것을 꺼내 쓸 수가 있으니 자연은 잠근 바가 없으나 잘 잠그고 있다.

몇 년 전에 '국가 정원'의 자격을 얻게 된 태화강 국가 정원은 입장료가 없다. 입장료를 받을 일이 없으니 태화강 국가 정원 어디에도 들어가는 입구가 따로 없다. 그냥 들어가는 곳이 정문이고 쪽문이다. 태화강 국가 정원도 빗장 없이 잘 잠근 것의 좋은 본보기다.

태화강 국가 정원에 산책하거나 구경하러 가기 위해 문을 열어야 하는 날이 온다면, 그것은 자본주의가 오염시킨 또 다른 비극의 현장이 될 것이다.

이가 빠져서 완벽한 동그라미

아래 내용은 한국항공대학교 소속 동아리이자 캠퍼스 밴드 그룹이었던 '활주로이후 송골매'가 발매한 '활주로' 1집 (1979)에 실린 '이 빠진 동그라미'라는 노래의 가사 전문이다. 이 노래를 찾아서 가사를 읽으면서 들어 보면 좋을 듯하다.

"한 조각을 잃어버려, 이가 빠진 동그라미,
슬픔에 찬 동그라미, 잃어버린 조각 찾아,
떼굴떼굴 길 떠나네.
어떤 날은 햇살 아래, 어떤 날은 소나기로,
어떤 날은 꽁꽁 얼다, 길옆에서 잠깐 쉬고,
에야디야 굴러가네.

어디 갔나 나의 한쪽, 벌판 지나 바다 건너,
갈대 무성한 늪 헤치고, 비탈진 산길 낑낑 올라,
둥실둥실 찾아가네.
한 조각을 만났으나, 너무 작아 헐렁헐렁,
다른 조각 찾았으나, 너무 커서 울퉁불퉁,
이리저리 헤매누나.

저기, 저기 소나무 위, 누워 자는 한 쪼가리,
비틀비틀 다가가서, 맞춰보니 내 짝일세,
얼싸 좋네, 찾았구나, 얼싸 좋네, 찾았구나, 찾았구나.

기쁨에 찬 동그라미, 지난 얘기 하려다가,
입이 닫혀 말 못 하니, 동그라미 생각하네,
이런 것이 그렇구나.

　냇물 가에 쭈그리고 슬퍼하던 동그라미,
애써 찾은 한 조각을 살그머니 내려놓고,
떼굴떼굴 길 떠나네, 떼굴떼굴 길 떠나네,
떼굴떼굴 길 떠나네, 길 떠나네.”

이 가사는 아동문학가 "쉘 실버스타인"이 쓴 동화 ≪잃어버린 한 조각을 찾아서≫를 참고한 내용이라고 알려져 있다. 독자들도 꼭 이 동화를 읽어 보시길 권하고 싶다. 그는 ≪아낌없이 주는 나무≫의 저자이기도 하다.

이 노래를 들으면서 당신은 어떤 생각이 드는지 궁금하다. 한 줄의 문장으로 내 느낌을 정리하자면, '결핍이 곧 완벽함이다.'라고 말하고 싶다. 다르게 표현하자면, '완전함은 완전하지 않기에 완전한 것이다' 라는 것이다.

가사를 다시 살펴보면, 이가 빠져서 불완전한 것으로 생각한 동그라미는 자신의 불완전함 즉, 결핍을 채우려 자신의 조각을 찾기 위한 여행을 떠난다. 아마도 결핍이 없었다면 그 결핍을 채우기 위한 여행도 없었을 것이고, 그 과정에서 불가피하게 마주치는 햇살과 소낙비, 가파른 언덕, 그리고 얼어붙은 땅, 나아가서 바다 건너 낯선 세상과의 조우도 없었을 것이다. 또한, 수많은 조각과의 마주침을 통해 나와의 다름을 경험하고 차이를 탐색할 기회를 잡을 수 없었을 것이 분명하다.

이 이야기는 또 다른 관점으로 해석되기를 기다리고 있을 수 있다. 우리 각자에게 있어서 채워졌으면 하는 한 조각은 무엇일까? 어떤 사람에게는 잃어버린 한 조각이 돈으로 대표되는 물질적 풍요일 수도 있고, 누군가에게는 권력일 수도 있고, 명예일 수도 있다. 혹은 지식일 수도 있으며, 육체적 아름다움일 수도 있을 것이다. 아마도 많은 사람에게는 그 모두일 수 있을 것 같기도 하다.

우리가 그것의 결핍을 채우려 목표만 바라보고 살다 보면, 못 보고 놓치는 게 있다. 문득 '축록자 불견산逐鹿者 不見山' - 사슴을 쫓는 자는 산을 보지 못한다 - 이라는 말을 만나게 될지도 모른다. 막상 사슴을 잡을 수 있을지는 모르지만, 그러기 위해서 놓쳐버린 수많은 소중한 것들이 있지 않을까? 이가 빠져서 생긴 그 모서리로 인해 만들어진 멈춤 덕분에 꽃과 나비와 대화하고, 봄 햇살의 따사로움에 몽롱해지는 그 숭고한 순간들을 맞이할 수 있는 것은 아닐까 싶다. 이럴 때 '고은' 선생님을 노벨문학상 후보로 오르게 만들었던 작품 '그 꽃'이라는 시가 생각난다. 세상에서 가장 짧은 시 중의 하나지만 우리에게 가장 심오한 속삭임을 주는 것 같다.

- 그 꽃 고은 -

"내려갈 때 보았네,
올라갈 때 보지 못한 그 꽃"

　태어나면서부터 결핍을 모르고 자란 일부 재벌 2세들이 술과 마약, 섹스에 중독되어 사람들의 눈살을 찌푸리게 하는 기사들을 종종 접하게 된다. 무엇이 이들을 이런 삶으로 이끌었을까?

　부족함이 없는 삶, 과연 축복일까, 아니면 저주일까?

　'부족하니 참 좋다.'

깨어 있지 않으면?

여성이여, 또 하나의 자유의 햇불을 밝혀라!

Women, light another torch of freedom!

이 말은 여성들에게 새로운 사회의 변혁을 위해 앞장서 줄 것을 요구하는 캐치프레이즈일 것 같지만 사실은 1929년 미국의 한 담배 회사가 여성을 흡연을 위한 주요 공략 대상 으로 삼기 위해 홍보 캠페인에 사용한 문구이다.

"마가린은 버터보다 더 건강하다."
"바삭하고 맛있는 스낵, 더 건강한 선택"

이 광고에 사용된 문구는 마가린이 다수 함유된 식품과

‘트랜스 지방’을 사용해서 만든 스낵이 더 건강한 제품이라는 것을 알리기 위한 광고에 사용되었다.

그런데 트랜스 지방 섭취는 혈중 콜레스테롤 수치를 악화시켜 심혈관 질환을 유발하고, 염증을 유발할 수 있다고 한다. 염증은 다양한 만성 질환, 특히 심장병, 제2형 당뇨병, 대사 증후군 등과 관련이 있기 때문에 건강에 매우 부정적 영향을 끼치기 마련이다. 또한, 트랜스 지방 섭취는 인슐린 저항성을 유발할 수 있으며, 이는 제2형 당뇨병의 위험을 증가시킬 수 있는 것으로 알려져 있다.

위 광고에서 언급된 마가린은 현재는 트랜스 지방이 0%로 표기될 만큼 극소량의 트랜스 지방만 함유하고 있다. 그러나 이것은 가공기술이 발달한 현재의 일일 뿐 과거에는 마가린을 가공하면 트랜스 지방이 폭증했는데 그 생성량이 정말로 위험한 수준이었다고 한다.

그러니 이 광고에 현혹되어 마아가린을 많이 함유하고 있는 식품을 먹은 사람들이 어떤 위험에 빠졌을지 상상해 보라.

"빛나는 피부는 라듐 피부다."
A radiant skin is a radium skin

"라듐 워터: 치유의 영약 – 상쾌하고 활력이 넘치는"
Radium Water: The Healing Elixir – Refreshing and Invigorating

위 광고에 등장하는 화장품과 음료수는 라디토르RADITHOR 로 알려진 의약품 브랜드에서 판매된 제품들이다. 당시 라듐 크림은 젊음을 되찾아주는 마법의 화장품으로 대단히 인기가 있었고, 라듐이 함유된 음료수는 기적의 치료제로 광고되면서 만병통치약으로 팔렸다.

그런데 인터넷에서 검색한 라듐의 부작용은 다음과 같다.
1. 암 : 라듐은 강력한 방사선을 방출하여 여러 가지 암을 유발할 수 있다.

2. 피폭성 화상 : 라듐에 직접 접촉하면 방사선 화상을
   입을 수 있다.
3. 내부 피폭 : 라듐을 섭취하면 내부 피폭으로 인해 장기에
   손상을 줄 수 있다.
4. 유전적 영향 : 라듐에 노출된 사람들은 유전적 이상이나
   질병을 후손에게 전달할 수 있다.

아들, 딸 구별 말고 둘만
낳아 잘 기르자.
   둘도 많다.
   잘 키운 딸 하나, 열 아들
안 부럽다.

   이 문구들은 과도한 인구
증가를 걱정하던 사회 분위
기로 인해 한국에서 출생률
저하를 유도하기 위해 과거 한때 사용된 캐치프레이즈들이
다. 그런데 지금은 국가 소멸을 걱정할 정도로 출산율이 낮
아져서 "자녀를 낳는 것은 영광입니다." 혹은 "자녀는 가정
의 행복입니다." 또는 "자녀에게 가장 좋은 유산, 그것은 형

제자매입니다."와 같은 구호를 내세워 출산 장려에 사활을 걸고 있는 형국이 되었다.

수많은 선전과 선동 그리고 딥페이크의 시대다.

우리는 너무나 많은 정보에 노출되어 있다. 증명되지 않은 식품과 약품 광고에 속아서 오히려 건강을 해치거나 잃을 수도 있고, 누군가의 정치적 선동에 부화뇌동하여 폭력을 사용해서 남에게 해를 가하거나 국가기관을 침탈하여 감옥에 가기도 하고, 심지어는 비분강개하여 분신자살을 시도하여 목숨을 잃기도 한다. 또는 그런 선동자들에게 속아서 수많은 헌금을 하여 재산을 탕진하는 사람도 많다. 그러니 깨어 있으라, 그렇지 않으면 감옥에 가거나, 건강을 해치게 되고 심지어 그대의 목숨까지도 잃을 수 있다. 그것을 넘어 나라의 존망을 걱정해야 할 위기를 초래할 수도 있다.

누군가에게 욕을 먹고 있다면 당신이 착한 일을 했기 때문이다

친구가 전화를 걸어왔다. 기분이 안 좋아서 술 한잔을 해야 겠다고 한다. 기분이 안 좋은 이유를 물으니 아내가 자신에 게 화를 내며 이기주의자라고 비난을 퍼부어댔다고 한다. 무 슨 일이 있었는지 술을 권하며 물었다. 그러자 씩씩대며 이 런 일화를 들려준다. 아내는 어느 건물 청소를 하는 분이다.

아내 : 여보, 오늘 갑자기 친정에 일이 생겨서 청소하기가 힘들겠는데 당신이 오늘 하루만 대신 청소를 해 주면 안 될 까요?

남편 : 그래? 그럼 오늘 딱 하루만 하기다.

아내 : 당연하지요. 고마워요.

남편 : 뭘, 부부끼리.

그런데 딱 한 번만 하기로 했던 급한 일들이 아내에게 간혹 생기기 시작했다. 부득이 친구는 울며 겨자 먹기로 종 종 대신 청소해주게 되었다. 이날도 아내는 갑자기 바쁜 일이 있다며 친구에게 청소를 부탁했다. 그런데 골프 약속이 있던 친구는 그 부탁을 들어 줄 상황이 아니었다. 그래서 선약을 이유로 아내의 요청을 거절하게 되었다. 그러자 아내가 불같이 화를 내며 친구를 비난하고 시비를 따지게 되었다고 한다.

문화센터에서 영어 강의를 듣는 어느 주부가 오늘 기분이 매우 좋지 않다. 평소 허물없이 친하게 지내는 강사로부터 원망이 섞인 전화를 받았다고 한다. 이유는 지난 추석 때 학생들끼리 마음을 모아 명절 사례비를 드렸는데 이번 설 명절에는 아무런 성의 표시를 하지 않았더니 강사가 "어찌 그럴 수 있느냐?"며 비난성 전화를 해 온 것이다.

소그룹 스터디 모임을 하는 어느 여성이 있었다. 그분이 평소 친하게 지내는 친구와 절교를 하게 되었다고 한다. 며칠 전 모임에서 또 다른 친구에게 자신이 아끼던 향수를 한 병 선물했다고 한다. 그러자 그 옆에 있던 친구가 왜 자기한테는 안 주고 그 친구한테만 주느냐고 따지면서 차별하는 것이 기분 나쁘니 다시는 만나지 말자고 했다고 한다.

내 지인이 세상 적인 삶에 회의를 느껴 자신을 돌아본답시고 어느 절에 머물렀던 적이 있었다. 그는 따로 수고비를 받지도 않고 근 1년여 동안 묵묵히 절 내부와 입구의 청소를 도맡아 하였다. 1년여 동안 절에서 기거하면서 지내다 보니 주지 스님과 친분도 생기고 절 운영이나 제반 행사들에 대한 장점과 허점들을 파악하게 되었다고 한다. 그래서 주지 스님을 만나서 자신이 파악한 것을 토대로 절 운영에 대해서 '이러 저러' 하는 것이 좋겠다고 건의를 했다고 한다. 그러자 다음 날 스님이 당장 절을 떠나라고 명령했다고 한다. 무려 1년이나 무료 봉사를 했는데 참견 한 마디 했다고 어찌 그럴 수 있느냐며 스님 욕을 마구 퍼다 부었다.

여러 에피소드를 소개하며 어느 농부와 관련된 일화가 떠오른다.

두 마리 소와 함께 밭을 갈던 농부가 있었다. 마침 지나가던 행인이 호기심을 가지고 물었다.

"이보시오, 더운데 고생이 많소. 그래, 어느 소가 일을 더 잘하오?"

그러자 농부가 하던 일을 잠시 멈추고 그 행인에게 다가와서 귓속말로 조용히 말했다.

"왼쪽 소가 좀 더 부지런하답니다."

그 농부의 귓속말에 행인이 영문을 모르겠다는 듯이 다시 물었다.

"거기서 큰 소리로 답해도 될 텐데, 바쁜 일손을 멈추고 조용히 귀속말로 대답하는 이유가 뭔가요?"

"어유, 큰 소리로 말하면 다른 소가 기분 나빠한답니다."

농부의 일화에서 착한 일과 연관된 내용을 발견하기 힘들 것이다. 그러나 내가 왜 이 일화를 제시하는지 그 이유를 알 수 있었으면 좋겠다.

내가 하는 착한 일의 궁극을 알아야 한다는 것이다. 그래야 비로소 착한 일이 악한 일로 전환되지 않고 애당초 의도한 착한 일로 종결되는 것이다. 한갓 미물이라고 여길 수도 있는 소들의 마음 까지 헤아릴 수 있는 농부의 경지에 이를 때 착한 일이 착한 일이 되는 것 아니겠는가?

그런데, 세 번째 에피소드에 등장하는 절 청소한 친구는 왜 욕을 먹고 쫓겨나게 되었을까?

그 친구는 "내가 일 년이나 절 청소 봉사를 했으니 이 정도 는 스님에게 충고할 자격은 생겼겠지!"라고 생각했을 것이다. 소위 봉사 활동 즉, 착한 행동을 통해서 자기 생각 속에 권력을 만든 것이다. 그리고 자신의 수준 정도에서 파악한 옳고 그름을 기준으로 스님에게 '이래라, 저래라' 했으니 스님의 이해 수준에서는 얼마나 가당찮은 짓으로 보였겠는가?

자, 이제 또 한 가지를 스스로 생각해보자. 나는 왜 착한 짓을 하고 있는가? 나의 착한 행동 속에 상대를 컨트롤하거나 함부로 대해도 되는 특권을 얻으려는 의도가 숨겨져 있지는 않았을까?

내가 누군가에게 착한 일을 하고 있다면 이것이 궁극에서도 착한 일로 귀결될 것인지를 살펴보는 일에 게을러서는 안 될 것이다. 특히 누군가 내게 착한 일을 할 때 그에게 나의 경계선을 함부로 넘나들 권력을 만들어 주고 있는 것은 아닌지 경계심을 늦추지 말아야 할 것이다.

12

나는 어떻게 중심을 잡는가?

나는 차마 과거를 돌아보기가 두렵다. 알면서 저지른 잘못이나 죄뿐만 아니라 모르고서 저지른 잘못이 헤아리기 힘들 정도로 많기 때문이다. 심지어 이런 말을 들을 때는 모골이 송연하기까지 하다.

"알면서 지은 죄 보다 모르고서 지은 죄들이 더 무섭고 클 수 있다."

그러나 어쩌랴, 이미 되돌릴 수 없는 것임을! 그래서 나는 지난 나의 잘못들을 반성하고 정화하기 위해서 주기적으로 [호오포노포노] 명상을 하곤 한다.

호오포노포노Ho' oponopono는 고대 하와이인들의 용서와 화

해를 위한 문제 해결법으로 알려져 있는데 다음 네 문장이
그 핵심이다.

미안합니다. I am sorry
용서하세요. Please forgive me
고맙습니다. I thank you
사랑합니다. I love you

'미안합니다'라는 말 속에는 "만일 나의 조상과 나의 일가
친척과 나의 부모와 형제자매들 그리고 내가 당신의 조상과
당신의 일가친척과 당신의 부모와 형제자매들, 그리고 당신
에게 상처를 주었다면 참으로 미안합니다"라는 의미가 들어
있다. 우리는 전 우주적으로 과거부터 현재 그리고 미래에
이르기까지 서로 하나로 연결된 존재라는 인식이 이 말 속
에 내포되어있는 것을 알 수 있다.

나는 이런 의미가 담긴 '미안합니다'라는 말과 함께 그들
에게 용서를 청하고 또 오늘날 나를 있게 한 나와 너의 모든
조상과 일가친척 그리고 형제자매들에게 감사의 말을 전한
다. 또한, 그들을 사랑한다는 말을 우주에 전파함으로써 그

동안의 나의 오류들을 정화하여 매일매일 새로워지고 온전해지는 삶을 창조하고 있다.

나의 중심을 잡아주는 또 다른 지혜는 포르티아 넬슨이 쓴 [다섯 장으로 된 짧은 자서전]이라는 시다. 나는 내 삶의 오류들과 직면했을 때 그 원인을 나에게가 아닌 외부에서 찾으려는 비겁함과 나약함을 극복하고 온전히 내 책임을 자각하기 위한 경계의 도구로 사용하고 있다.

1장
난 길을 걷고 있었다.
길 한가운데 깊은 구덩이가 있었다.
난 그곳에 빠졌다.
난 어떻게 할 수가 없었다.
그건 내 잘못이 아니었다.
그 구덩이에서 빠져나오는데
오랜 시간이 걸렸다.

2장
난 길을 걷고 있었다.

길 한가운데 깊은 구덩이가 있었다.

난 그걸 못 본 체했다.

난 다시 그곳에 빠졌다.

똑같은 장소에 또다시 빠진 것이 믿어지지 않았다.

하지만 그건 내 잘못이 아니었다.

그곳에서 빠져나오는데

또다시 오랜 시간이 걸렸다.

3장

난 길을 걷고 있었다.

길 한가운데 깊은 구덩이가 있었다.

난 미리 알아차렸지만, 또다시 그곳에 빠졌다.

그건 이제 하나의 습관이 되었다.

난 비로소 눈을 떴다.

난 내가 어디 있는가를 알았다.

그것은 내 잘못이었다.

나는 즉시 빠져나왔다.

4장

내가 길을 걷고 있는데

길 한가운데 깊은 구덩이가 있었다.
난 그 구덩이를 돌아서 지나갔다.

  5장
난 이제 다른 길로 가고 있다.

나는 3장에 나온 두 문장이 마음에 강렬하게 와 닿았다.
습관이 되었다. / 그것은 내 잘못이다.
 이 자각이 바탕이 되어야 모든 것은 자기로부터 비롯되었
음을 인정하고 자기 삶을 책임지는 자세로 살아갈 준비가
되는 것이기 때문이다. 그래야 비로소 4장이나 5장의 삶을
전개시킬 수 있는 힘이 생겨나는 법이다.

 5장을 만나면서 스스로 다음과 같은 코칭 격언을 떠올린
다. 아인쉬타인이 한 말로 알려져 있기도 하다.

 "똑같은 행동을 하면서 다른 결과를 기대하는 사람은 정신
병자와 같다."

 마지막으로 나의 삶의 지표로 나인홀트 니부어의 기도문

을 매일 상기하려 노력한다.

God, give us grace to accept with serenity the things that cannot be changed, courage to change the things that should be changed, and the wisdom to distinguish the one from the other.

신이시여, 바꿀 수 없는 것들을 평온하게 받아들일 수 있는 은총을 주시고, 바뀌어야 할 것들을 바꿀 수 있는 용기를 주시고, 바꿔야 할 것인지 바꿀 수 없는 것인지를 구별할 수 있는 지혜를 주소서.

나는 업보業報라는 말을 좋아한다. 뿌린 대로 거두는 이치가 참임을 알기에 요행수나 운에 나의 삶을 맡기기보다는 나는 나의 삶의 창조자이고 책임자라는 자세로 하루하루 살아가려 한다.

지구가 오류 없이 자전과 공전을 반복할 수 있는 것은 태양이 그 중심을 잡아주기 때문이듯이 나의 삶의 중심은 바로 이 세 가지 정신에 바탕을 두고 있다.

13

비난 중독에 빠진 그대들에게

'당신이 누군가를 영웅시하고 우상화하는 진짜 이유는 언젠가 그들이 추락하고 있을 때 그들을 비난하고 공격하면서 느끼는 짜릿한 쾌감을 극대화 시키고 싶기 때문이다.'

이 문장에 대한 여러분의 생각은 어떤지 궁금하다.

요즈음 우리 사회는 하루가 멀다 할 정도로 유명 연예인이나 정치인들의 자살 소식이 뉴스의 메인을 장식하곤 한다. 그들이 자살하는 이유는 무엇이라고 생각하는가? 그들이 자살로서 자신의 잘못과 비도덕적 행동 등을 덮으려 했을 수도 있지만, 더 근본적인 이유는 그들을 향한 대중들의 비수 같은 욕설과 비난과 공격을 견디기 힘들었기 때문이었다는 것이 심리 전문가들의 다수 의견이다.

현대인들을 가장 힘들게 만드는 질병이 있다면 무엇일까? 그것은 아마도 아무런 일도 없이 홀로 시간을 보내야 하는 [빈 시간 공포증]일 것이다. 사람들이 마땅히 할 일이 없이 비어 있는 시간을 두려워하는 데는 여러 가지 사회적 심리적 요인이 있을 수 있을 것이다.

그 하나는, 자본이 신이 되어 버린 자본주의 시대에 돈을 버는 일을 하지 않는 사람은 무가치한 존재로 무시당하는 풍토에서 오는 존재 소멸에 대한 두려움과 불안감일 수 있을 것이다. 그래서 우리는 항상 바쁘고 생산적이어야 한다는 압박을 느끼고 살아간다. 비어 있는 시간은 이런 사회적 기대에 부응하지 못하는 잉여 인간으로 낙인 찍히는 것과 같은 느낌을 피할 수 없게 만든다.

다른 하나는 현대인들의 대다수가 자극적인 활동이나 엔터테인먼트에 익숙해져 있다. 그들은 조용하고 정적인 시간을 보내는 것을 어려워하는 경향이 있다. 지루함은 그들에게 있어서 견딜 수 없는 고통이다. 그 지루함을 이겨내기 위해서 그들은 무언가라도 해야만 하는 것이다.

또 다른 요인은 비어 있는 시간은 자기 자신과의 대면을 강요하게 만드는 시간이다. 이것은 자기반성과 자기 성장을 위한 시간이 될 수 있지만 동시에 자신의 감추고 싶은 내면과 그림자와 마주하게 되어 자신을 불편하게 만들 수도 있다.

이러한 여러 가지 이유로 인해 사람들은 비어 있는 시간을 두려워하게 되고 이 시간을 채우기 위해 무언가 지속적인 활동과 자극을 추구하게 된다. 이 시간을 생산적이고 자기 성장을 위한 일거리로 채울 수 있다면 좋겠지만 그런 기회가 주어지지 않은 사람들은 자신의 공허한 시간을 구조화하기 위한 마땅한 소일거리를 찾아야만 한다. 그렇지 않으면 견딜 수가 없다.

그 대안 중의 하나가 팬덤fandom이다. 팬덤이란 특정 인물, 그룹, 캐릭터, 스포츠 팀 또는 기타 주제에 대한 강력한 애정과 헌신을 공유하는 팬들의 커뮤니티를 말한다. 이들은 특정 대상을 우상화하고 영웅시하며 적극적인 활동을 함으로써 무의미하게 비어 있는 시간을 바쁘게 소비할 수 있는 명분을 찾게 된다.

이들은 자신이 우상화한 대상이나 집단으로부터 인정을 받기 위해, 보다 적극적으로 활동을 하다 보면 여러 가지 부작용도 낳게 된다. 일부는 자신이 좋아하는 대상에 대한 집착으로 인해 독점적인 상품 구매, 이벤트 참여, 팬미팅 참석 등에 많은 돈을 소비하여 재정적인 곤경에 빠지기도 한다. 또 일부는 팬덤에 지나치게 몰두하여 현실 생활과의 균형감을 잃기도 하여 현실에서의 중요한 일들을 소홀히 하는 일도 발생한다.

이들은 자신들의 우상들을 숭배하는 데 그치지 않고 타자들을 배타적으로 적대시하는데 자신들의 열정과 관심을 사용하기도 한다. 자신들이 목적으로 하는 활동에 쓰이고 남는 잉여剩餘 에너지를 발산할 대상이 필요하기 때문이다. 그래서 다른 대상을 향해 온라인상 비난과 공격을 가하거나 다른 팬들과 지나친 경쟁을 벌이기도 하여 상대방 비하 및 사생활 침해와 같은 범죄를 저지르기도 하는 경향이 있다.

사람들은 뭐라도 해야 불안하지가 않다. 그들은 아무런 행동을 하지 않는 것은 절대로 견딜 수가 없기 때문이다. 그래서 정 할 일이 없으면 망상이라도 해야 직성이 풀린다. 그들에게 그들의 시간과 열정을 쏟아낼 먹잇감이 주어진다면 얼마나 황홀하겠는가? 그들은 걸신들린 아귀들이 음식을 마구 먹어대듯이 언제라도 상대를 씹어댈 준비가 되어있다. 주체할 수 없는 흥분 상태에 빠져서 누군가를 공격하고 비난하는 데 정신을 집중하면 자신의 불안감과 만나지 않을 수 있게 된다.

그러나 모든 중독이 그렇듯이 자신을 흥분시키는 자극제가 점점 더 강렬해야만 한다. 그래서 별 인기 없는 연애인이나 정치인을 씹어대는 것은 간에 기별도 안 간다. 그래서 더 맛있게 먹기 위해서는 우선 그들이 높이 올라가야 한다. 그래야 추락하는 속도가 빠르고 짜릿하다. 또한, 추락으로 인한 데미지가 크다. 그들이 추락하다가 날개가 생기면 안 된다. 그래서 날개가 생기기 전에 집중적으로 강도 있게 공격해야 한다. 그러면 상대가 느끼는 고통의 크기가 강화된다. 상대의 고통의 크기가 크면 클수록 나의 쾌감이 더 짜릿해지는 법이다. 주었다가 빼앗는 그 기분을 아는 것이다. 도덕경에도 그런 이치가 등장한다. 장차 접으려면 먼저 펼치고,

장차 약하게 하려면 먼저 강하게 해 주고, 장차 없애려면 먼저 잘되게 하라고 하지 않았던가?

이제 우리는 시시한 비극이나 사건에는 자극을 받지 않는다. 비행기 사고나 지진, 수해 혹은 끔찍한 여러 사건 등에 의해 피해자 수가 적거나 재물 피해가 적으면 오히려 실망하기도 한다. 우리는 어느덧 누군가 큰 사고를 치거나 처참한 비극이 일어나기만을 기다리며 뉴스를 소비하는 이상한 인종이 되어 가고 있다.

나는 이러한 이상 행동들이 만연하는 사회를 비난 중독 사회라고 표현하고 싶다. 혼자 있음을 견딜 수 없는 현대인들이 마땅한 소비 거리가 없이 비어 있는 시간을 견딜 수 없기에 남을 비난하면서라도 그 시간을 소비해야 하는 군색窘塞한 처지에서 만들어진 사회현상이라 하겠다.

가왕이라 칭함을 받는 조용필씨의 노래 [킬리만자로의 표범]이라는 노래에 이런 가사가 나온다.

"먹이를 찾아 산기슭을 어슬렁거리는 하이에나를 본 일이 있는가? 짐승의 썩은 고기만을 찾아다니는 산기슭의 하이에나 ....."

우리는 바로 그 하이에나처럼 공허한 시간을 채우기 위해 비난거리를 찾아다니는 초라한 군상으로 살고 있지는 않은가 자문해 볼 일이다.

자, 이제 진지하게 자신에게 물어보자. 당신은 비난 중독에서 자유로운 사람인가?

이 질문의 의도는 이렇다. 자기인식은 곧 자기 변화의 출발점이기 때문이다. 자신이 어떤 사람인가를 알았을 때 비로소 다른 사람이 되는 것을 선택할 수도 있다.

자발적 무지, 상대에게 주는 선물

우리 인간은 듣는 것을 좋아하는 사람일까, 아니면 자신의 얘기를 누군가 들어 주는 것을 좋아하는 사람일까?

여러 SNS 매체를 보면, 누군가가 자신의 지식이나 업적을 과시하는 내용보다는 곤경에 빠진 자기에게 조언을 구하는 내용에 엄청난 댓글이 달리는 것을 볼 수 있다. 그러한 댓글의 내용은 무엇일까? 위로? 아니다, 대부분의 댓글은 위로를 가장한 충고의 내용 들이다. 나는 이것을 충고 본능에 경도된 반응이라고 해석한다. 이러한 군상群像들의 심리를 우리에게 월든Walden이라는 수필집으로 잘 알려진 헨리 데이빗 소로David Henry Thoreau가 대변하고 있다. 그는 자신의 일기장에 다음과 같은 말을 남겼다.

"나는 오늘 최고의 존중을 받았다.
누군가가 내 의견을 묻더니 진지하게 들어주었다."

시인이자 수필가이면서 철학자요 생태운동가였던 당대 1800년대 미국의 최고 지성인 중의 하나였던 소로조차도 누군가가 자신의 의견을 묻고 자신의 얘기를 들어 줄 때, 다시 말해 자신이 말을 할 때, 최고의 존중감과 행복감을 느꼈다는 것을 알 수 있는 글이다.

중국 청나라 때 학자인 정섭鄭燮, 호는 판교이라는 학자는 우리에게 이런 말을 남겼다.

총명하기도 어렵고,
어리숙하기도 어렵다.
그렇지만 총명한 사람이 어리숙하게 보이는 것은 더욱 어렵다.
총명난聰明難, 호도난糊塗難, 유총명전입호도갱난由聰明轉入糊塗更難.

이 글을 통해서 우리는 아는 사람이 아는 척하지 않기란 낙타가 바늘귀를 통과하기보다 어렵다는 것을 알 수 있다.

예禮의 전문가로 알려진 공자에 관하여 다음과 같은 말이
또한 전해진다. 시례야是禮也로 우리에게 알려진 내용이다.

공자께서 태묘에 들어가 제사가 진행됨에 매사를 물으셨
다. 혹자가 말하기를 "그 누가 저 추인의 자식을 일러 예를
안다고 하는가? 태묘에 들어와 매사를 묻다니昧事問" 공자께
서 이 말을 들으시고 말씀하셨다. "그것이 곧 예이다是禮也"

태묘太廟란 왕들의 조상 신위나 신들을 모셔서 제사 지내는
곳이다. 그 당시 공자는 예의 전문가로 알려져 있던 분인데
도 불구하고 제사를 집전하는 사람에게 매사를 물으니 공자
를 시기하거나 질투하던 사람들이 "당신이 정말 예를 알기
나 해?"하며 공자를 비웃는 장면이다. 이에 공자가 그 유명
한 "시례야是禮也 : 이것이 바로 예禮라는 것이다" 말로 상황
을 정리하고 있다.

이 장면에서 우리는 왜 공자가 2,500년의 세월을 뛰어넘어
서 아직도 생존하는 성인인지 알 수 있다. 총명하기로 최고

로 꼽히던 공자가 어리숙하게 행동하기를 실천한 생생한 현장이다.

앞에서 많이 아는 사람이 아는 척하지 않기란 낙타가 바늘귀를 뚫고 들어가기보다 어렵다는 말을 했다. 그만큼 우리는 자기를 과시할 기회를 찾아서 온 신경을 곤두세우고 있는 군상들이다. 그런 우리가 자신이 더 많이 아는 주제를 남이 애기할 때 끼어들지 않고 그것을 경청하기가 과연 쉽겠는가?

그런 우리 심리를 뒤집어 보면, 누군가 내 애기를 들어 주기를 갈망하는 존재가 바로 우리라는 것을 알 수 있다. 헨리 소로도 그렇게 말하고 있지 않은가, 자기 애기를 경청해주니 최고의 존중감을 느꼈다고. 그런데 남의 애기를 진정 경청하는 것은 참으로 어렵다. 자기 수양의 경지가 높은 학자로 알려진 정 판교조차도 알면서 모른 척하는 것이 그토록 어렵더라고 고백하고 있지 않은가? 우리의 인격이 공자의 수준에 이르기가 쉽지 않다는 것을 인정한다면 차라리 자발적 무지를 선택하는 것은 어떨까? 누군가에게 의견을 묻고 상대가 말을 할 때 진지하게 들어 주는 것이 상대방의 존중감을 높이는 것이라면 그것이야말로 상대에게 주는 최고의 선물이 아니겠는가?

난득호도 難得糊塗
총명함에도 어리석은 것처럼 처신하기는 어렵다

기꺼이 무지할 수 있는 자, 항상 선물 보따리를 들고 다니는 사람이다.

길을 찾다 길을 잃어 버렸다

기독교 성경에 길을 잃어버린 양에 관한 내용이 나온다. 그 내용은 도마복음 107장에도 등장한다. 영어본과 한글본을 함께 게재한다.

1. Jesus said, "The kingdom is like a shepherd who had a hundred sheep.

2. one of them, **the largest,** went astray. He left the ninety-nine and sought the one until he found it.

3. After he had gone to this trouble, he said to the sheep, 'I love you more than the ninety-nine.'"

1. 예수께서 말씀하셨다, "나라는 백 마리의 양을 가진 목

자와 같다.

2. 그중 **가장 큰 한 마리**가 길을 잃었다. 그는 아흔아홉 마리를 버려두고 그 한 마리를 발견할 때까지 찾았다.

3. 그리고 그 모든 수고를 마쳤을 때, 그 양에게 말했다, **'나는 아흔아홉 마리보다 너를 더 사랑하노라.'**"

이 이야기는 우리의 상식과 여러 가지 면에서 어긋난다.

첫 번째, 길을 잃은 양은 백 마리 양 중에서 약하고 작은 양이 아니라 가장 큰 놈이다. 어째서 가장 큰 놈이 길을 잃었을까?

두 번째, 양치기는 왜 99마리의 양을 내버려 두고 길을 잃은 한 마리를 찾는 것을 선택했을까?

세 번째, 그는 왜 99마리 양보다 길잃은 한 마리 양을 더 사랑한다고 말을 했을까?

첫 번째 의구심부터 탐색해보자. 우선, 똑같은 조건에서 어떤 놈이 가장 큰 놈이 되는 것일까? 울산 태화강에 철새가

서식하는 대나무 숲이 있다. 겨울에는 까마귀가 서식처로 이용하고 여름에는 백로가 이용한다. 가족과 철새 탐방에 나섰다가 백로가 새끼를 낳고 기르는 모습을 보여 주는 동영상을 보고 깜짝 놀랐다. 한 둥지 안에 여러 마리의 새끼들이 부모 새가 가져오는 먹이를 서로 먹으려고 경쟁한다. 심지어는 자기가 더 먹으려고 형제 새끼들을 둥지 밖으로 밀쳐 내기도 한다, 그런데 부모 백로는 둥지 밖으로 밀려난 새끼를 다시 둥지 안으로 돌아오도록 전혀 돕지 않는다. 둥지 안으로 복귀하는 데 실패한 새끼는 굶어 죽거나 그 새끼를 노리는 뱀들에게 먹이가 되어 죽고 만다고 한다. 해설사에게 그 이유를 물었더니 아마도 수천 킬로를 날아 다시 원래 서식지로 돌아가려면 그럴 힘이 있어야 하는데 약하게 자란 새끼는 어차피 돌아가지 못할 것이니 그냥 죽도록 놔두는 것이 헛고생을 더는 것이 아니겠냐고 추측한다고 말했다. 그러고 보니 어렸을 때 처마 밑에서 제비 새끼들이 서로 목을 내밀고 목청껏 소리 지르며 서로 먹이를 더 먹으려고 기를 쓰던 것이 기억이 났다. 더 많이 먹은 놈이 더 크고 강하고 우수한 놈이 되는 것이다. 큰 것들은 강하기에 자신감이 높다. 그래서 약한 것들보다 두려움이 더 적고 활동 영역이 더 넓다. 그래서 남들이 가보지 않은 길도 서슴지 않고 도전해 보기도 한다. 남들이 다녀본 길, 혹은 허용된 길이 아닌 새로운 길을 개척하고자 하는 도전 의식이 강할 수 있다. 그러다 길을 잃는다. 오직 강한 자만이 남들이 걷지 않은 금지된 길을 탐색할 용기가 있는 것이다. 그래야 지금껏 다른 어떤 양들에게도 허락되지 않았던 더 푸른 초지와 더 맛있는 샘물을 찾을 수 있을 것이다. 그러나 작고 허약한 양들은 미지의 여행을 떠날 용기가 없다. 그래서 주어진 길, 허락된 길만 걷기 때문에 길을 잃어버릴 수가 없다. 그들은 항상 안전지대에 머무른다. 그러나 크고 강한 놈들은 그럴 수가 없다. 자기 주관이 강하고 자신감이 넘치는 그들을 길들이는 것은 어렵다. 그들은 내적 추구에 이끌려 안전지대를 떠나는 모험을 감행하려한다. 오직 자신의 길을 개척하기 위해 모험을 감행하는 자만이 길을 잃을 수 있다.

두 번째와 세 번째 의구심을 같이 풀어보자. 자본주의적 계산에 의하면, 아무리 큰 양이라도 99마리 양보다 경제적 가치가 더 있을 것 같지가 않다. 그런데도 왜 99마리 다른 양들은 버려두고 가장 큰 한 마리 양을 끝까지 찾으려 했을까? 아마도 가축을 키워봤거나 농사를 지어본 사람은 그 이유를 알 것이다. 종자가 우수한 녀석이 우수한 새끼를 낳는 법이다. 사자가 사자를 낳지 토끼가 사자 새끼를 낳을 수는 없는 법이다. 현명한 양치기는 그것을 안다. 99마리의 작은 양보다 가장 큰 한 마리의 양이 우수한 종족 번식과 생산량 증가에 더 중요하다는 것을 말이다. 다른 형제 새끼들보다 더 많이 먹고 더 활동량이 많아서 더 커진 것을 '이기적이다' 라고 생각할지 모르나 궁극적으로는 그 녀석이 종족의 번영과 안정에 가장 중요한 역할을 하는 법이다. 그러니 양치기는 그 가장 큰 양을 끝까지 찾아야 할 것이며 다른 99마리 양보다 더 사랑하는 것이다.

여기서 두 번째 절에 나오는 '가장 큰 양'과 '발견할 때까지 찾는다.' 라는 말의 의미를 좀 더 비약해서 해석해보기로 하자. 여기서 예수는 '가장 큰 양'은 구도자求道者에 비유했다고 생각한다. 도 진리를 구하는 자는 길을 잃을 수밖에 없다. 그것은 세상 사람들이 걸어 다니는 길에서 찾을 수가 없기 때문이다. 그러니 아무도 걷지 않은 길을 찾다가 길을 잃어버린다. 양치기는 누구를 상징할까? 양치기가 바로 도道요, 진리요 하나님이다. 하나님은 진리를 찾는 자를 반드시 찾아온다는 말이다. 병아리가 알에서 밖으로 나오려고 안에서 새끼가 껍질을 쪼아대는 소리를 듣고 어미 닭이 밖에서

쪼아대는 줄탁동시 啐啄同時 의 이치와 같은 것이다. 하나님은
구도자를 사랑할 뿐만 아니라 구도자가 길을 찾기를 멈추지
않는 한 그도 역시 구도자를 발견하기 위한 노력을 멈추지
않는다.

  길을 찾는 자, 길을 잃는 법,
  그러나 하나님도 당신을 찾아오고 있다.
  그러니 길을 찾을 때까지 멈추지 말라.

16

Lauda mortem(라우다 모템), 죽음을 찬양하라

대장大腸에 난 혹을 떼어 내고 조직검사를 받은 친구가 있었다. 그는 검사 결과를 기다리는 내내 나쁜 결과에 대한 두려움에 식사도 제대로 하지 못하고서 주변 사람들까지 힘들게 만들었다. 악성종양으로 판명되어 죽으면 어쩌나 하는 두려움에 지배되어 전전긍긍戰戰兢兢했다.

과연 죽음이 무엇이기에 이 친구를 이처럼 벌벌 떨도록 만들었을까? 우리는 죽음이 무엇인지도 제대로 모른 체, 죽음에 대한 막연한 두려움을 갖고 있고 그것을 부정적으로 인식하고 있는 것 같다. 그런데 도대체 죽음은 무엇일까?

우리 인류 역사상 온갖 것에 대한 근본적인 질문을 멈추지 않은 사람으로 소크라테스를 빼놓을 수 없다. 그는 죽음에 대해 어떤 인식을 하고 있었을까? 소크라테스는 죽음을 소멸 또는 영혼의 이동, 두 가지 형태 중 하나라고 추측했다. 이 중 소멸을 최상의 수면 상태에 비유하며 최고로 여겼다. 영혼의 이동은 지하 세계로 가서 진실한 심판자의 심판을 받는 것이라고 했다. 그러면서 오르페우스, 호메로스 같은 존경스러운 인물들과 대화할 기회가 주어질 것으로 믿었다. 그러므로 어느 쪽이든 죽음은 기쁜 일이라 여겼다.

도덕경의 저자인 노자는 죽음을 어떻게 생각했을까? 그는 출생입사出生入死, 즉 세상에 나오는 것이 생生이며 들어가는 것이 사死라고 말했다. 또한, 그는 부물운운 각복귀기근夫物芸芸 各復歸其根이라고 표현했다. 즉 무릇 온갖 것들이 무성하게 생겨났다生가 각각 그 뿌리로 돌아간다死는 것이다. 그러면서 뿌리로 돌아가면 고요해진다고 주장한다. 귀근왈정歸根曰靜. 불교에서는 고요함靜은 평화요, 지극한 행복감이라고 말한다. 이를 종합하면 노자도 귀근歸根 즉, 죽음을 평화롭고 행복한 것으로 파악하고 있다고 할 수 있을 것이다.

공자 시대에도 죽음에 대한 것은 사람들의 주요 관심사 중의 하나였던 것 같다. 그의 핵심 제자 중 하나인 자로子路도 공자에게 죽음에 관해 물었다. 그러자 공자는 그에게 이렇게 대답했다.

昧知生 焉知死 미지생 언지사 : 생을 알지 못하는데 어찌 죽음을 알겠느냐?

공자의 이 말은 다양한 해석을 낳지만 나는 이렇게 해석한다. 생生을 상형문자적으로 풀어보면 땅에서 새싹이 올라오는 모습을 형상화한 글자다. 땅에서 새싹이 생겨나는 원리를 너는 알고 있느냐는 말이다. 그 이치를 알면 죽음이 무엇인지를 알 수 있을 것이라는 의미를 내포한 대답이 곧 미지생 언지사다. 새싹은 무無 혹은 공空에서 비롯된다. 무에서 비롯된 것은 결국 무로 돌아갈 것이니 생生을 알면 사死를 알 것이다. 공자가 또다시 가르치지 않고 가르치는 화법을 사용한 일례다.

우리 아버지는 내가 고3 때18세 돌아가셨다. 죽음의 의미가 무엇인지 정확히 알지 못했지만, 주변에서 모두 슬퍼하는 분위기라 나도 슬픈 감정을 함께 경험했다. 그러면서 죽음이란 슬픈 것이며 바람직하지 못한 것이라는 인식이 나의 무의식에 자동으로 심어졌다.

우리의 감정은 어떻게 생겨나는 것일까? 감정은 사건에 대한 해석에서 생긴다. 죽음 자체가 감정을 만들어내지 않는다. 죽음에 대한 해석이 우리의 감정을 결정한다. 우리가 죽음을 두려워하고 슬퍼하는 부정적 감정을 갖게 된 것은 무엇 때문일까? 그것은 나도 모르게 죽음에 대한 부정적 학습을 한 결과이다. 우리가 태어나면서부터 죽음에 대해 부정적 인식이 아닌 긍정적 인식을 학습했다면 죽음에 대해 오히려 기뻐하고 즐거워하며 축하하는 축제의 장을 만들었을 수도 있지 않았을까?

장자莊子 지락至樂 편 2장에 다음과 같은 내용이 실려 있다.

장자의 아내가 죽어서 혜자惠子가 조문을 갔다. 장자는 두 다리를 뻗고서 동이를 두드리며 노래를 부르고 있었다. 혜자가 말했다. "부인은 그대와 살며 자식을 함께 키우고 늙어 죽었는데, 곡을 하지 않는 건 그렇다 치더라도 동이를 두드리며 노래까지 부르는 건 너무 심하지 않은가!"

장자가 말했다. "아니네. 아내가 죽었을 때 왜 슬퍼하며 곡하지 않았겠는가!"

그러나 죽은 아내의 처음을 보니 본래 삶이 없었네. 삶이 없었을 뿐만 아니라 본래 형체도 없었네. 형체도 없었을 뿐만 아니라 본래 기氣조차 없었네. 어둡고 희미한 사이에서 섞여 있다 변화해서 기가 나타나고, 기가 변해 형체가 되고, 형체가 변해 삶이 나타났다가 지금 다시 변화해서 변해 죽음으로 갔으니 이는 봄, 여름, 가을, 겨울 사계절이 변화 운행하는 것과 같다네.

아내는 죽어서 변화하는 천지의 큰 집에서 편안하게 쉬고 있는데, 내가 시끄럽게 떠들면서 사람들의 습속을 따라 울어대는 것은, 스스로 천명을 알지 못하기 때문이라고 여겼다네. 그래서 곡을 멈추고 동이를 두드리며 노래를 부르고 있었던 것이라네.

'진리가 우리를 자유롭게 하리라' 라는 말이 있다. 이 말 속에는 진리를 알게 되면 무지로 인한 헛된 망상에서 벗어나 물 흐르듯 걸림 없이 살 수 있다는 의미로 이해한다. 우리가 죽음이 무엇인지를 제대로 알면 죽음에 대한 막연한 두려움에서 벗어나 오히려 죽음을 기꺼이 받아들이고 어떤 경우에는 죽음을 찬양하는 경지까지 이를 수 있을 것이다.

오쇼 라즈니쉬가 쓴 '배꼽' 이란 책에서 놀라운 사실을 알게 된 적이 있다. 여성이 아이를 출산할 때 우리가 알고 있는 상식과 너무나 다른 터무니 없는 것처럼 보이는 내용이 소개되어 있었다. 간단히 소개하면, 어느 부족의 여성은 들판에서 일하다가 아이를 출산하게 될 때 스스로 아이를 출산하고 탯줄도 스스로 자르고 나서 아이를 바구니에 놓아둔 체 다시 하던 일을 한다는 것이다. 출산에 대한 통증을 느끼지 않는 경우다. 또 다른 이야기는 아내가 출산하며 산통을 느낄 때, 남편도 옆에 누워서 똑같이 진통을 느끼며 고통의 비명을 지른다는 것이다. 우리가 알고 있는 사실과는 거리가 멀다. 이것은 우리에게 무엇을 시사하는가? 생각 즉, 신념이 현실을 만든다는 것이다. 우리가 태어날 때부터 보고 배운 것이 신념화되면 그 신념에 따라 몸이 반응하고, 감정도 발생한다. 그래서 '몸과 마음은 하나의 시스템이다.' 라는 코칭 coaching 격언도 있다.

'믿음신념 : 信念은 들음에서 난다' 라는 말이 있다. 들음은 곧 봄이요, 경험한 것이요, 학습한 것이다. 그 믿음에 따라 몸과 마음이 반응한다. 그러니 우리가 죽음에 대한 진실을 알고 죽음에 의연히 대처한다면 우리가 사랑하는 사람들이 우리가 죽음을 대하는 자세를 보며 죽음에 대한 막연한 두려움에서 해방될 것이다. 만약 우리가 죽음에 대해 초연하게 되면, 그것은 사랑하는 사람들에게 줄 수 있는 최고의 선물이 되는 것이다.

죽음이 무엇인지를 제대로 아는 사람은 죽음을 두려워하지 않기에 삶을 더욱 사랑하고 풍성하게 살 수 있기 때문이다. 그러니 이제 이렇게 선언하자.

라우다 모템Lauda Mortem! 죽음을 찬양하라!

17

아버지와 어머니를 원수처럼 미워하라고?

　1945년에 기독교 세계에 일대 놀라운 사건이 일어났다. 약 1,600여 년의 세월을 이겨내고 땅속에 묻혀있던 기독교 성서 한 무더기가 이집트의 나그함마디에서 발견되었다. 소위 중국 진시황 때의 분서갱유焚書坑儒를 연상하게 만드는 일이 기독교 성서계에도 일어났다는 것을 유추할 수 있는 사건이었다. 그중에서 우리에게 가장 충격을 준 성서가 '도마복음'이다. 도마복음은 예수님의 일대기와 행적들을 다룬 마태, 마가, 누가, 요한 복음통칭하여 공관복음 이라고 하기도 한다.과는 다른 오롯이 예수님이 말씀만으로 이루어진 성서다. 도마복음이 우리에게 충격적인 이유는 신과 구원, 부활 그리고 천국에 대한 기존의 기독교 사상과는 많은 부분에서 다르다는 사실이다.

도마복음은 첫 장부터 매우 도발적인 메시지를 우리에게 던지고 있다. 도마복음 1장은 이렇게 말한다.

"누구든지 이 가르침의 참뜻을 깨닫는 자는 죽음을 맛보지 않게 될 것이다."

믿음으로 천국 간다는 기존의 주장과는 너무나 상반相反되는 내용이다. 믿음이 아닌 깨달음으로 죽음을 맛보지 않는다는 것은 기존 기독교적 입장에서 살펴보면 기상천외奇想天外한 말이 아닐 수 없다. 여기서 나오는 "죽음을 맛보지 않는다"는 말을 구원이라고 이해한다면 믿음이 아닌 깨달음으로 구원을 받는다는 말이기 때문이다. 이 말을 들으면 어떤 생각과 연결이 되는가? 바로 불교의 중심 사상인 깨달아서 부처가 된다는 말과 다르지 않다는 것을 알게 된다.

그렇다면 예수님은 우리에게 무엇을 가르치려고 했을까?

나는 도마복음 곳곳에서 신선한 충격을 여러 번 받았지만, 다음을 읽으며 예수님이 우리에게 던지는 대단한 도발을 강렬하게 확인할 수 있었다.

99장

그 제자들이 예수에게 이르기를, "당신의 형제들과 어머니께서 바깥에 계시나이다." 예수께서 그들에게 말씀하셨다. "여기 내 아버지가 원하는 것을 하는 이들이 나의 형제요 나의 어머니라. 그들이 내 아버지의 나라에 들어갈 자들이니라."

101장

"나처럼 아비와 어미를 미워하지 않는 자들은 나의 제자가 될 수 없고 나처럼 아비와 어미를 사랑하지 않는 자들도 나의 제자가 될 수 없으니 이는 나의 진정한 어머니가 내게 생명을 주셨음이라."

이 두 장에서 우리는 다음과 같은 것을 확인할 수 있다. 예수님은 자신을 낳은 부모를 부정하고 있다. 부정을 넘어서 어머니와 아버지를 미워하라고 말씀하신다. 그 이유는 무엇일까?

이 장들을 읽으며 나는 한국 근현대 불교를 개창開創한 대선사로 일컬어지는 경허스님1849년~1912년을 떠올리지 않을 수 없었다. 그는 자신의 어머니를 위한 법회에서 갑자기 자신이 입고 있던 옷들을 모조리 발가벗고서 어머니 앞에 우뚝 서서 어머니를 비롯한 대중들을 기겁氣怯하도록 만들었다. 그리고 스승이 자기 방으로 들어오는 데도 일어나지 않고 누워서 맞이했다는 일화를 남기고 있다.

이 기이한 행동을 통해서 우리는 무엇을 읽어낼 수 있을까? 여기 발가벗고 있는 아들의 모습을 보고서 놀라고 있는 당신은 아직도 내가 당신의 아들이라는 허망한 생각에서 벗어나지 못하고 무명無明 속에 있음을 일깨워주기 위한 것이었을 것이다. 물론 자신의 어머니만을 위한 것이 아닌 그 자리에 참석한 모두를 대상으로 일대 퍼포먼스를 자행한 것이리라. 또한, 발랑 드러누워서 스승을 맞이하는 도발을 통해서 그가 스승에게 보여 주고자 한 것은 무엇이었을까? 나는 더는 당신의 제자가 아니고 당신도 나의 스승이 아님을 선포하고 있는 것 아니겠는가? 이 일화 속에 담긴 궁극적인 의미는 무엇일까? 나도 없고, 어머니도 없고, 스승도 없다. 이 몸뚱이는 실체가 아니고 허상이요 공空한 것임을 강렬하게 표현하고 싶었던 것이 아닐까?

즉, 그는 모두에게 천둥 같은 목소리로 외치고 있다. 무엇을?

"깨달아라."

그럼, 도대체 무엇을 깨달으라는 것일까? — 바로 공空이다. 그러면 공이란 무엇인가? 없이 있음이요, 있으면서 없는 것을 말한다. 모든 것은 실체가 없이 인과 연에 따라 생겼다가 없어지는 것일 뿐이라는 것이다. 즉, 구름이라는 실체가 있는 것이 아니라 기상과 기후의 조건과 상황에 따라 우발적으로 구름이라 불리는 그 어떤 것이 생겨났다가 사라짐의 과정이 있을 뿐 구름은 없다는 것을 알라는 것이다. 양자역학에서도 세상은 우리 눈으로 한 번도 확인한 적이 없는 실체 없이 존재하는 원자들의 우발적 마주침으로 인한 이합집산일 뿐이라고 말한다. 원자들의 무한한 춤으로 이루어진 것이 세상이란 말이다. 우리가 길을 가다가 지나가는 사람과 우연히 어깨가 마주쳐서 발생한 다툼이나 싸움처럼 어떤 관계성에 의해서 온갖 만물이 생성된다는 것이다.

그럼, 예수님은 왜 우리가 아버지나 어머니를 미워해야 한다고 말을 했을까?

이해를 돕기 위해 하나의 비유를 들어보자. 나는 우리를 존재하게 하는 우주를 하나의 바다로 비유한다. 우리가 마주치는 파도나, 個我는 바다전체에서 온 존재이다. 그러므로 파도는 바다神, 하나님의 일부一部이며 바다를 떠날 수 없는 존재이다. 그 사실을 망각한 체 자신이 개별적이고 독립적인 존재라고 여긴다면 이것이 곧, 참을 떠난 무명無明의 나락에 빠진 것이다. 그로부터 전체와 분리된 것으로 착각하는 개별적인 존재자아에게 죽음이 찾아오게 된다. 파도가 한 번 솟구쳤다가 내려앉았을 때 죽는 것이 아니라 바다와 다시 하나가 된다는 사실을 안다면 파도는 결코 소멸해 버리거나 죽을 수 없는 존재임에도 파도가 그것을 깨닫지 못하는 한 죽음을 면할 수가 없다.

바로 육체적인 부모를 자꾸 자신의 부모라는 생각을 되풀이한다면 자신이 애당초 바다와 하나인 전체와 일부임을 망각한 체 개별적 존재로서 집착과 욕망의 끈을 놓지 못하도록 방해를 받게 되는 것이다. 그러니 부모를 원수처럼 여겨야 자신의 전체성을 망각하지 않고 전체와 합일 의식을 고양하여 영원토록 죽음을 맛보지 않게 되는 존재로 거듭나게 되는 것이다. 이것이 바로 부활이다.

경허 스님이 어머니 앞에서 옷을 벗어 던지고 알몸으로 서는 것을 넘어서 스승이 방에 들어와도 드러누워 맞이한 것이나, 예수님이 부모를 원수처럼 대하라는 말 속에 깃든 참 의미를 깨달으면, 그대! 죽음을 맛보지 않으리라.

예수님과 화광동진 和光同塵

혹시 여러분은 예수 그리스도의 모습을 그림으로 그린다면 어떤 모습을 그릴지 생각해보았는가? 우리는 실제로 그분의 모습을 본 적이 없어서 교회나 성당 그리고 영화에서 본 모습을 떠올리기가 쉽다. 과연 그곳에 묘사된 모습이 실재했던 그분의 모습일까?

나는 불교사찰에서 종종 만나는 포대화상包袋和尙의 모습에서 그분의 실제 이미지를 연상하곤 한다. 포대화상의 모습을 간략하게 묘사하면 배가 불룩 튀어나오고 얼굴은 천하태평 천진난만한 미소를 띤 뚱뚱한 이웃집 아저씨 같은 모습이다.

내가 포대화상의 모습에서 예수님의 모습을 연상하는 이

유는 무엇일까? 나는 신약성경 ≪마태복음≫ 11장 19절에 등장하는 다음과 같은 성경 구절을 토대로 그렇게 생각하고 있다. 가톨릭 성경에 이렇게 번역되어 있다.

11:19 그런데 사람의 아들The Son of Man이 와서 먹고 마시자, '보라, 저자는 먹보a glutton요 술꾼a drunkard이며, 세리와 죄인들의 친구다.' 하고 말한다.

여기서 먹보a glutton의 영어 풀이를 보면 a person who eats too much라고 나온다. 너무 많이 먹는 사람이라는 뜻이다. 또 술꾼a drunkard은 a person who is drunk or who often gets drunk라고 풀이되어 있다. 술 취한 사람 혹은 자주 술에 취하는 사람이라는 의미다.

음식 먹는 것을 탐하고 자주 술에 취해서 살았던 그분의 몸이 오늘날 우리가 교회나 성당 그리고 영화에서 접했던 그렇게 삐삐 마르고 몸매가 잘 가꾸어진 모습일 수는 없을 것이다.

요한은 잘 마시지도 않고 자주 먹지도 않은 사람이다 보니, 아마도 이분의 모습이 오늘날 묘사되고 있는 예수의 모습과

닮지 않았을까?

그렇다면 예수는 왜 그렇게 먹기를 탐하고 자주 술에 취한 삶을 살았을까? 나는 여기서 예수님의 위대성과 만난다. 그분은 그 시대의 누구를 구원하기 위해서 자신을 희생하고 헌신하는 삶을 살았을까? 위 구절의 '세리와 죄지은 자의 친구'라는 말속에서 우리는 충분히 유추할 수 있을 것이다. 그분은 당대의 소외되고 차별받고 천한 사람들의 친구로 왔다. 그분의 수제자인 베드로가 바로 어부였지 않은가?

이제 기독교가 세계적인 종교가 되는 데 최대의 공헌자로 일컬어지는 바울 사도의 다음과 같은 고백에서 예수님이 왜 먹보요, 술꾼으로 살았는지 명확히 드러난다. ≪고린도 전서 코린토 인에게 보내는 첫 번째 편지≫ 9장 19절에서 23절 말씀을 함께 읽어 보자.

19. 내가 모든 사람에게 자유하였으나 스스로 모든 사람에게 종이 된 것은 더 많은 사람을 얻고자 함이라.
20. 유대인들에게는 내가 유대인과 같이 된 것은 유대인들을 얻고자 함이요, 율법 아래 있는 자들에게는 내가 율법 아

래 있지 아니하나 율법 아래 있는 자같이 된 것은 율법 아래 있는 자들을 얻고자 함이요.

21. 율법 없는 자에게는 내가 하나님께는 율법 없는 자가 아니요, 도리어 그리스도의 율법 아래 있는 자나 율법 있는 자같이 된 것은 율법 없는 자들을 얻고자 함이라.

22. 약한 자들에게는 내가 약한 자와 같이 된 것은 약한 자들을 얻고자 함이요, 여러 사람에게 내가 여러 모양이 된 것은 아무쪼록 몇몇 사람들을 구원코자 함이니.

23. 내가 복음을 위하여 모든 것을 행함은 복음에 참예하고자 함이라.

나는 이 말씀을 만나면서 몸에 전율을 느꼈다. 거지가 아님에도 거지와 함께 거지로 산 것은 거지를 진리의 세계로 이끌기 위함이라는 말과 다름없는 것이 아닌가?

'빛을 부드럽게 하여 속세의 티끌과 함께한다, 즉 자기의 지혜와 덕을 밖으로 드러내지 않고, 속인과 어울려 지내면서 그들과 하나가 된다' 라는 의미가 있는 불교의 화광동진和光同塵의 철학이 예수와 바울의 삶 속에서 정확히 구현된 것이다. 노자도 《도덕경》 4장에서 화기광 동기진和其光 同其塵이라는 구절로 호응하고 있다.

≪도덕경≫ 15장에는 이런 말도 나온다. 이 말이 어쩌면
정확하게 화광동진의 삶이 무엇인지를 말해주지 않을까 싶
다. '숙능탁이정지서청執能濁以靜之徐淸' 이 구절을 나는 이렇
게 해석한다. '누가 능히 세속의 탁류 속에 거하면서 마음을
고요하게 유지하며 서서히 그 탁류를 깨끗하게 정화할 수
있겠는가?' 이것은 바로 성인만이 할 수 있는 것이 아닐까?

 포대 화상이 배를 뚝 내밀고 헤벌쭉 웃
으면서 저잣거리를 활보하며, 아무 데
나 털썩 주저앉아서 막걸리 한 사발 나
누어 마시고, 상다리를 두드리며 태평
가를 부르는 모습 속에서 예수의 진면
목을 발견한다. 예수는 성자로 오신 것이 아니라, 거지요, 술
주정뱅이고, 먹보로 오셨기에 내가 끝까지 부끄럽고 천한 존
재로 살지 않고, 당신과 하나 되어 진리의 세계로 갈 수 있었
다. 고맙습니다. 먹보, 술꾼 예수.

신은 무엇인가

당신은 신을 믿는가? 만일 당신이 신을 믿는다면 신은 무엇이라고 생각하는가?

힌두교의 중요한 성서중의 하나인 《바가바드 기따 Baghavad Gita》에서 작자는 신으로 등장하는 '크리슈나'의 입을 빌려 인간을 대표하는 '아르주나'에게 '신이 무엇인가?'를 이렇게 설명한다.

나와 별개로 존재하는 것은 아무도 없다. 온 우주는 나의 보석 목걸이처럼 나에게 매달려 있다. 아르주나여, 나는 순수한 물의 맛이며, 해와 달의 광채다. 나는 신선한 단어 '옴' 음절이며, 공기 중에서 들리는 소리이고, 인간의 용기다. 나는 흙의 달콤한 향기이며, 불의 빛이다. 나는 피조물에 있는 생명이며, 또한 영적 구도자의 노력이다. 아르주나여, 나의 영원한 씨앗은 모든 피조물에서 발견된다. 나는 지적인 자들의 식별력이며 고결한 자들의 영광이다. 강한 자들에게서 나는 격정과 이기적 집착이 없는 힘이다. 나는 그 욕구가 삶의 목적과 조화를 이룬다면, 욕구 그 자체다.

신은 최고의 시인, 첫 번째 원인, 최고의 통치자, 가장 작은 입자보다 더 미묘한 존재, 모든 것의 후원자, 상상할 수 없고, 태양처럼 밝으며, 어둠을 초월한다.

삶의 지고한 목표를 깨달은 사람들은 내가 비현현非顯顯이고 변하지 않는다는 것을 안다. 나에게 오면 그들은 절대 독립적인 존재로 돌아가지 않는다. 모든 존재에 편재되어 있으며, 모든 피조물의 '참나'인 이 지고한 신은 완전한 사랑으로 지각될 수 있다.

≪바가바드 기따≫에서 말하는 신에 대한 설명이다. 이 글을 읽고 나서 당신은 신이 어떤 존재로 이해하게 되었는가?

도교에서는 신의 자리에 도道를 설정하고 있다. 노자와 더불어 도교를 대표하는 두 사람 중 한 명인 장자는 도를 묻는 동곽자라는 사람에게 이렇게 대답한다.

동곽자東郭子가 장자에게 물었다.
"도는 어디에 존재하는 것입니까?"

장자가 말했다.
"어디든지 도가 없는 곳은 없습니다."

동곽자가 말했다.
"예를 들어 말씀해 주십시오."

장자가 말했다.
"개미에게도 도가 있습니다."

동곽자가 말했다.
"어찌 그처럼 하찮은 곳에 도가 있습니까?"

장자가 말했다.

"강아지풀에도 있고, 논에 있는 피에도 있습니다."

동곽자가 말했다.
"어찌해서 그렇게 하찮은 것에 있습니까?"

장자가 말했다.
"기와에도 있고 벽돌에도 있습니다?"

동곽자가 말했다.
"어찌해서 점점 심해집니까?"

장자가 말했다.
"오줌과 똥에도 있습니다."

동곽자는 다시는 말을 못 했다.

신이 생성, 유지, 소멸을 담당하는 그 어떤 것이며, 우주가 우주이게 하는 활동을 주관하는 존재라면, 과연 신은 정확히 무엇일까? 신은 특정 사물이나 인간처럼 개별적 형태를 가진 존재일까? 아니면 그저 형상 없는 존재로 활동하는 움직임이며 또한 상태인 것은 아닐까?

천국은 어디에 있는가?

우리는 일반적으로 지옥보다는 천국에 가는 것을 소망할 것이다. 그래서 사람의 대부분은 '나는 천국에 가고 싶다' 라고 말하며 신앙에 몰두하는 것이 아니겠는가?

나는 그런 사람을 만나면 먼저 이렇게 질문하곤 한다.

"천국은 무엇을 말하나요? 구체적으로 어떤 것을 천국이라고 하나요?" "그 천국은 어디에 있나요?"

아마도 기독교에서는 천국을 '하늘의 공간 어딘가에 있으면서 자신들이 믿는 하나님, 즉 신이라는 존재와 영원한 교류를 하는 장소' 라고 말하기 쉽다. 즉 하늘 어딘 가에 천국이라는 물리적 실체가 존재한다는 것이다. 한편 불교에서는 개인의 영적 진화와 내면적인 깨달음을 통한 해탈이 곧 천국을 경험하는 것이라고 말할지도 모르겠다.

그런데 예수 그리스도는 1945년 이집트의 '마그함마디'에서 발굴된 ≪도마복음≫에서 정통 기독교에서 말하는 것과는 다소 다르게 천국을 묘사했다. 도마복음 3장에 나오는 예수님의 말씀을 소개한다.

예수께서 말씀하셨다. "만일 너희를 인도하는 자들이 너희에게, '보라, 그 나라천국는 하늘에 있다.' 라고 말한다면 공중의 새들이 너희보다 앞설 것이다. 만일 그들이 너희에게, '그 나라는 바다에 있다.' 라고 말한다면 물고기들이 너희보다 앞설 것이다. 그러나 그 나라는 너희 안에 있고 또 너희 바깥에 있다."

이 말씀을 통해서 보면, 천국은 물리적인 특정한 장소를 말하는 것이 아니다. 우리 안에 있고 우리 바깥에 있다는 말은 결국 우리 삶 속에 천국이 실현되는 것이고, 우리 마음이 천국을 살지 지옥을 살지 결정하는 것이라고 해석할 수 있다. 다시 말하면 내 안에 꽃밭이 있기에 세상이 아름다워 보인

다는 이치다. 세상은 내 안에 있는 것을 밖으로 비춘 투사물
投射物이기 때문이다.

또한, 천국이 실제로 존재한다고 하더라도 지옥과 유리되
어 별개의 장소에 있지도 않다. 동전이 앞면과 뒷면으로 완
성되듯이 천국은 지옥과 일란성 쌍둥이처럼 한 몸 두 얼굴
일 수밖에 없다. 결국, 천국 속에 지옥이 있고 지옥 속에 천
국이 있는 것이다. 따뜻한 물은 찬물과의 대비 속에서만 존
재한다. 오로지 따뜻한 상태에만 처하게 되면 다시는 따뜻한
물은 경험할 수 없다. 천국은 명사名詞적 어떤 실체가 아니라
동사動詞적 혹은 형용사形容詞적 삶의 현장이다. 지옥이라는
날줄과 얽히어 우리네 삶을 만들어내는 두 가닥 실 중의 하
나일 뿐이다. 씨줄만 가지고서는 천을 만들어 낼 수 없는 것
과 같은 이치이다.

그러니 천국을 원하는 사람은 지옥을 사랑해야 함을 깨달
을 필요가 있다. 지옥을 거부하는 사람은 천국도 경험할 수
없다. 그러니 이렇게 말해도 괜찮을 듯하다.

'지옥을 사랑하라. 그러면 천국에 갈 수 있느니라.'

21

나는 어디에 있는가?

몇 년 전에 에크하르트 톨레가 쓴 ≪삶으로 다시 떠오르기≫ 라는 책에서 이 말을 만났다.

"죽기 전에 죽어라, 그러면 영원히 살리라."

이 말을 이해하기 위해서 몇 가지 질문이 필요했다.

1. 죽기 전이라는 것은 언제를 말하는 것일까?
2. 무엇이 죽으라는 말일까?
3. 무엇이 영원히 사는 것일까?
4. 영원히 산다는 것은 어떤 의미일까?

이 질문에 대한 답을 찾기 위해서는 결국 수천 년 동안 반복되어온 고전적 질문에 봉착할 수밖에 없었다.

'나我는 누구 혹은 무엇인가?'

누군가에게서 전화가 걸려 와서 '너는 어디에 있느냐?'고 물으면 우리는 흔히 '나는 어디 어디에 있다.'라고 대답을 할 것이다. 그때 나는 누구무엇이라고 생각하고 대답했을까? 아마도 몸뚱이를 '나'라고 인식하고 있었지 않았을까? 또 누군가가 '당신이 한 말 때문에 나는 상처받았어'라고 말했다면, 이때의 나는 누구무엇일까? 아마도 감정을 '나'라고 인식하고 있었을 것이다.

우리는 종종 몸의 '나身我', 감정의 '나' 생각하는 '나' 재산을 가진 '나' 지위의 '나' 권력의 '나' 지식의 '나' 등을 나眞我라고 생각한다. 그러나 이런 '나'가 진정한 '나'를 의미하는 것은 아닐 것이다. 왜냐면 이런 것 중에 어느 것이 진정한 '나'라면 그것은 변함없이 존재해야 할 것인데, 그 어떤 것도 영원하지 않고 일시적이며 항상 변화하기 때문이다. 일시적으로 존재할 뿐 일정 시간이 지나면 변화하거나 사라져

버리는 그것이 '참나'일 수는 없는 것이다.

죽어서 천국 간다며 신앙생활에 몰입하는 분들에게 간혹 이런 질문을 던진다. "당신이 천국에 가면 언제 때 의식 상태로 가게 되나요? 0세, 10대, 30대, 아니면 죽기 직전?" "도대체 언제 때의 의식 상태가 진정한 당신인가요?" "당신이 함께 천국에 가고 싶은 가족은 언제 때의 가족을 말하나요? 결혼 전 아니면 결혼 후?" 이 질문에 답하다 보면 고정된 자기가 없다는 것을 알 수가 있을 것이다. 시시각각 변하고 있는 하늘의 구름을 보며 어느 것이 진짜인가를 묻는 것이나 다름없기 때문이다.

내가 나라고 간주하고 있는 나는 사실 에고ego라고 표현되는 가짜 '나'일 뿐이다. 에고란 풀잎에 맺힌 아침 이슬이 중천에 떠오르는 태양의 열기에 의해 점차 사라지면서 시간대

에 따라 형태를 달리하다가 어느 순간 흔적도 없이 사라지는 것과 다름없는 존재이다. 안개나 이슬 혹은 구름처럼 실체가 없는 것을 나라고 고집하며 살아간다면, 참 어리석은 일이 아닐 수 없다.

에크하르트 톨레는 에고(가짜 나)가 죽기 전에 죽어야 한다고 말하고 있다. 몸을 나라고 생각하며 살아온 '몸의 나'가 죽기 전에 죽으라는 것일 것이다.

그러면 '본질적인 나는 무엇이냐?'라는 질문을 피할 수 없다. 말 그대로 '참나'는 무엇이냐는 것이다.

불교에서는 소위 '네 부모가 너를 낳기 전에 네 본래 얼굴이 무엇이냐[부모미생전父母未生前 본래면목本來面目]?'를 화두 삼아 자신의 본래 모습을 찾기 위한 선禪 수행을 하는 사람들이 많다. 그런데 선 수행자들이 남긴 오도송悟道頌을 보면 무심코 들려온 어떤 소리를 듣고 난 후의 깨달음을 적은 글들이 많다. '향엄 선사'라는 분도 "부모미생전 본래면목"을 화두 삼아 고행을 하다가 소리를 듣고 깨달은 사람 중 하나다. 전해지는 바에 의하면, 그가 하루는 빗자루로 마당을 쓸었다. 그런데 마침 빗자루에 쓸린 돌 하나가 대나무에 날아가 부딪쳐서 "탁" 소리를 냈다. 그는 그 소리를 듣고 즉시 깨달았다고 한다. 그는 그 깨달음을 이렇게 표현했다. 그가 남긴 오도송 중 일부一部를 소개한다.

일격망소지一擊忘所知, 갱부가수야更不假修冶 : 한 번 부딪치는

데 아는 것 모두 잊으니, 다시 애써 더 닦을 것 없구나!

　그는 무엇을 깨달은 것일까?
　소리는 바로 실체 없음이 만들어지는 대표적인 경우라고
할 수 있다. 상황에 맞는 인연 따라서, 온 바 없이 생겨났다
가 또 간데없이 사라지는 것을 알고서 문득 깨달음을 얻은
것이다. 오도송에 이런 설명이 주어지지는 않지만, 결국 ‘이
소리처럼 ‘나’라는 것도 실체가 없는 것이구나. 원래 그 어
디에 존재했다가 부모의 태胎에 들어가는 그 어떤 것이 아니
라는 것. 결국, 모든 것이 공空일 뿐이구나.’를 턱 하니 아는
것이라고 나는 이해한다.

　그것을 반야심경에서는 “색즉시공 공즉시색”이라고 표현
하고 있다. ‘색이 곧 공이고 공이 곧 색’이라는 진리를 전하
고 있다. 여기서 ‘공’이란 생성과 소멸을 초월해 있으며 우
주의 원인이고 그 자체이다. 그럼 나는 무엇인가? 바로 공이
다. 공이 곧 ‘참나’인 것이다. 그러니 ‘참나’는 죽지 않고 영
원히 산다. 그러나 에고는 공순수의식이라는 전체성을 망각한
채 개별화된 형상을 자기라고 착각하고 살기 때문에 죽음을
피할 수 없다.

그러면 에고ego를 탈피하고 전체성을 회복하면 영원히 죽지 않는다는 것을 아는 사람은 어떤 삶을 살아가게 될까? 에크하르트 톨레의 또 다른 책 [지금 이 순간을 살아라]가 생각난다.

　이제 답해보자.
　'나는 어디에 있는가?'

　나의 대답은 이렇다.
　'나는 어디에도 있지 않지만, 없지 않은 곳도 없다.'

22

비가 내리고 바람이 불까?

"간밤에 제7호 태풍으로 인해서 엄청난 비가 내렸고 아직도 강한 바람이 거세게 불고 있습니다. 전국이 폭우와 강풍으로 인해 큰 피해를 보았다고 합니다."

일기예보를 다루는 방송에서 어느 리포트가 전하는 내용이다.

내가 주목하려는 부분은 '비가 내렸고, 바람이 불고 있다.'라는 내용이다.

과연 비가 내리는가? 과연 바람이 부는가? 엉뚱한 질문처럼 들리는가?

우선 '개가 짖는다.' 라는 문장을 분석해 보자. 여기서 짖는 행위는 누가 하는가? 당연히 개라는 동물이 하는 행위다. 개는 '짖는다' 라는 행위와 별개로 존재하는 그 어떤 실체이다. 개는 짖는 행위를 하지 않아도 '개' 라는 실체로 존재한다. 즉, 실체와 행위가 분리될 수 있다. 그런데 '비가 내린다.' 라는 문장에서 개가 짖는 것처럼 비라는 어떤 실체가 있어서 내리는 행위를 하고 있는가? 다시 말해 실체와 행위의 분리가 가능한가? 개는 짖는 행위를 할 수 있지만, 비는 내리는 행위를 할 수 없다.

왜냐고? 비는 존재하지 않기 때문이다. 개는 그림으로 그릴 수 있지만, 비는 그릴 수 없다. 개는 구체적 형상을 가진 사물이지만, 비는 구체적 실체를 갖지 못한 동사적 행위이요 과정이기 때문이다. 결론적으로 말하면 개는 실체로서 존재하지만 비라는 독립된 실체는 존재하지 않는다. 하늘에서 물방울이 땅으로 떨어져 내리는 동적인 과정을 '비' 라고 부르고 있을 뿐이다. 내리지 않고 멈추어 있는 비는 없다. 하늘에서 떨어지지 않는 물방울을 '비' 라고 부를 수는 없는 것 아닌가?

마찬가지로 바람도 불지 않는다. 불지 않으면 바람이 아니다. 바람 속에 부는 동적인 행위의 의미가 이미 들어있다. 바람은 없다. 더 연장해서 말하자면 불도 타지 않는다. 타는 과정이 없이 존재하는 불은 없기 때문이다.

조금 더 진척시켜 보자. '꽃이 핀다'라는 말은 어떤가? 과연 피지 않는 꽃이 있을 수 있을까? 피어 있지 않으면 꽃이 아니다. 꽃은 피어야만 꽃이다. 결과적으로 꽃은 없다. 이걸 이해할 수 있을지 모르겠다.

구름은 있는가?

아침이슬은 있는가?

그림자는 있는가?

소나무는 있는가?

집 앞에 보이는 남산은 있는가?

그럼, 앞에 인용한 개는 있는가?

마지막으로 물어보자.

나는 과연 있다고 할 수 있는 존재일까?

23
종이는 타지 않는다고?

종이에 불을 붙인다. 그러면 종이가 탄다. 나무에 불을 붙인다. 그러면 나무가 탄다. 우리는 그렇게 알고 있다. 아닌가?

그러나 종이는 타지 않는다. 종이에 불을 붙이면 종이를 구성하고 있던 여러 가지 요소들이 분해되기 시작한다. 즉, 여러 가지 요소가 서로 결합하여 종이로 인식되는 물체를 구성하고 있다가 열이 가해지면 그 결합력이 와해하기 시작하여 지수화풍地水火風이라는 4대四大로 분해된다. 그 과정에서 발생하는 어떤 기체에 불이 붙어 타기 시작하는 것이다. 그러니 어떤 물체가 연소하기 시작했다는 것은 더는 그 원래 물체가 아니라는 뜻이다. 자기를 잃어버리고 그 어떤 다른 요소로 변해버린 것이다.

원래의 물체가 분해되어 기체화되어서 완전 연소가 되면 불꽃이 일어난다. 연소가 될 정도의 열이 가해지지 않으면 연기가 되어 공기 중으로 사라지게 된다. 결국, 종이는 더는 종이가 아니어야만 불에 탈 수 있다. 그러니 이렇게 뭉뚱그려서 말할 수 있을 것이다. 종이는 타지 않고 그것이 분해된 그 무엇이 타고 있을 뿐이다.

고대 그리스의 철학자인 파르메니데스에 의하면 "존재하는 모든 것은 영원하고, 생성되지 않으며, 파괴되지 않고 변하지 않는다."라고 한다. 또한, 존재한다는 것은 무엇에게도 의존하지 않고 스스로 있다는 것을 의미한다. 그러므로 존재하는 것은 결코 태어날 수 없고, 소멸 될 수도 없는 것이라고 정의할 수 있겠다. 이런 존재의 정의로 살펴보면 이 세상에서 존재하는 것은 아무것도 없다는 결론에 이르게 된다. 위 정의를 만족시키는 것은 그 어느 것도 존재하지 않기 때문이다.

존재에 대한 이런 정의를 토대로 살펴보면, 애당초 종이는 존재하지 않는다는 결론을 유도해 낼 수 있을 것이다. 왜냐하면, 종이는 종이 임을 포기[변화]해야만 탈 수 있게 되는 것이다. 종이가 더 이상 종이가 아닐 수 있다는 것은 종이라는 실체가 존재하지 않음을 방증하는 셈이다,

사람들은 나무가 자란다고 말한다. 과연 나무가 자라는 것일까? 앞에서 살펴보았듯이 종이라는 실체는 없다고 말했다. 나무 역시 나무라는 실체가 존재하지 않는다. 인연생기因緣生起의 법칙에 따라 구름이 만들어지듯이 나무도 연기緣起에 의해 생겨난 임시적 존재일 뿐이다. 나무가 자라지 않는다고 말한 진짜 의미는 나무라는 실체적 존재는 없다는 것을 강조하기 위함이다. 구름처럼 연기緣起에 의해 생겨나서 나무라고 불리는 일시적인 그 무엇이 구름보다는 오랜 시간 존재하기 때문에 실재한다는 착각을 불러일으킬 뿐이다. 물, 땅속 영양분, 햇빛, 산소나 이산화탄소 그리고 뭐라고 설명할 수 없는 에너지 즉, 기氣라고 칭해보는 그 어떤 것들이 적절한 때와 장소를 만나 나무라는 가물假物로 나타나서 일시적 삶을 살다 갈 뿐이다. 다시 말해 나무는 없다. 그러니 나무는 자랄 수도 없다.

우리는 종종 '나는 누구인가?' 라는 질문을 던진다. 앞에서 종이와 나무를 통해서 알게 된 지식적 배경을 통해서 보면 이 질문은 터무니없다. 왜 그런가?

나는 실재하지 않기 때문이다. 실재하지 않는 것이 무엇이냐고 묻는다는 것은 어리석은 일이 아니겠는가?

그런데도 종이는 타고 나무는 자란다. 그리고 나는 삶을 살아가는 존재다. 잠시 후 흔적도 없이 흩어져 버리겠지만, 하늘에 떠 있는 구름이 '구름이 아니다.'고 말할 수 없듯이 말이다. 그러니 종이에 함부로 불을 붙이지 말 것이며, 나무에 물 주기나 거름을 주는 것을 멈추지 말 일이다. 또한 '나'라는 존재를 소중히 돌보고 가꾸는 것을 게을리 해서도 안 될 것이다.

이것이 바로 성철 스님이 "산은 산이요, 물은 물이다."라고 외친 이유가 아니겠는가?

24

생노병사 生老病死, 과연 피할 수 없는 걸까?

작고하신 틱낫한 스님의 책을 읽으며 만난 말이 있다. 우리는 삶에서 절대로 피할 수 없는 것이 다섯 가지가 있다고 하셨다. 그분이 말씀하신 다섯 가지를 함께 읽어 보자.

1. 나는 늙는 본성을 타고났다. 늙음을 피할 수 없다.
2. 나는 병마에 시달리는 본성을 타고났다.
   병마를 피할 수 없다.
3. 나는 죽어가는 본성을 타고났다. 죽음을 피할 수 없다.
4. 내게 귀중한 모든 것과 내가 사랑하는 모든 사람은
   변화하는 본성을 타고났다. 그들과 헤어짐을 피할 수 없다.
5. 나는 내 몸과 말, 마음으로 행한 행위의 결과를 물려받는다.
   나의 행위는 나의 연속이다. 즉, 나의 과보를 피할 수 없다.

나는 여기서 3번째 것인 죽음을 피할 수 없다는 명제가 묵직하게 다가온다.

그런데, 이런 말도 있다. 1945년에 이집트의 '마그함마디'에서 발견된 기독교 외경에 속하는 ≪도마복음≫은 제1장에서 이렇게 말한다.

"이 말씀들의 해석을 발견하는 자는 누구든지 죽음을 맛보지 않으리라."

죽지 않을 수 있다는 말이다. 우리가 죽는 이유는 이 말씀들의 해석을 발견하지 못하기 때문이라고 바꾸어 말할 수 있다.

사실 불교의 '12 연기법緣起法'에 의하면, 우리의 생生과 사死는 무명無明에서 비롯되었다고 말한다. 무명은 무지無知이며 어떤 실체를 잘못 알고 있는 것이라고 해석한다면, ≪도마복음≫에서 말하는 '말씀들의 해석을 발견하지 못했다.'라는 말과 같은 맥락으로 이해해도 틀리지 않을 것이다.
≪도마복음≫ 18장에 나오는 다른 문장을 읽어 보자.

제자들이 말했다. "우리의 마지막이 어떻게 될 것인지 말씀하여 주십시오."

예수께서 말씀하셨다. "너희가 말하는 마지막의 시작을 발견하고 마지막을 묻느냐? 하지만 시작이 있는 곳에 마지막이 있다. 그러므로 시작의 자리에 서 있는 사람은 복이 있다. 그는 마지막을 알고 죽음을 맛보지 않을 것이다."

여기서 시작을 발견한 사람은 마지막을 안다고 말하고, 그러면 죽음을 맛보지 않으리라고 말한다. 그렇다면 그 시작은 무엇일까?

이어지는 19장은 이렇게 시작한다.
예수께서 말씀하시되, "존재하기 전에 존재한 자여, 복 되도다."

이 말을 통해서 알 수 있는 것은 우리는 존재하기 전에 존재했다는 것이다. 존재하기 전에 존재한다는 것은 무얼 뜻하는 것일까? 이 지점에서 불교에 '이것은 무엇인가?'라는 화두話頭가 생각난다. 원래의 말을 복원하면 이렇다. '부모미생전父母未生前 본래면목本來面目은 무엇이냐?' 라는 것이다. '부모도 태어나기 이전의 너의 본 모습은 무엇이냐?' 라는 것인데, 결국 이 질문도 '네가 존재하기 이전의 존재는 무엇이냐?' 라고 묻는 것과 같다.

결국, 예수님도 부처님처럼 '존재 이전부터 존재했던 '그놈'이 곧 나다' 라는 것을 깨달았던 분인 것으로 결론지을 수 있다. 그러면, 불교에서는 '그놈'이 무엇이라고 결론 지었을까?

" '공空' 즉 모든 것은 실재實在하지 않고, 연기緣起할 뿐이다."

결국, 예수님은 우리가 본래 '공'에서 출발했으니, 시작을 알면 최종 종착지도 결국 '공'이라는 것을 알게 되리라고 말하는 것이다. 결국, 우리도 '공'에서 왔으니 '공'으로 갈 것이라는 말일 것이다. '공'의 본질을 알면 '공'은 불생불멸이니 생과 사를 초월해서 존재하는 것이 결국 우리가 아니겠는가?

우리가 시작을 모르는 무명無明 속에서 산다면 '틱낫한' 스님이 말한 피할 수 없는 것의 지배 아래 살게 된다. 그러나 우리가 본래 '공'에서 파생한 존재라는 것을 알게 되면, 우리는 죽음을 맛보지 않고 영원히 사는 존재가 되는 것이다. 이것을 과연 몇

명이나 알까?

  에크하르트 톨레도 ≪삶으로 다시 떠오르기≫란 책에서 이런
말을 남기고 있다.

  "죽기 전에 죽어라, 그러면 영원히 살리다."

  나라고 생각하고 살아온 에고ego가 실재의 존재가 아니라는
것을 알면, 에고는 죽는다. 그러면 '참나real I'를 깨달아 영원히
살 것이라는 말일 것이다.

  '참나'는 과연 무엇인가?

25

병 속의 새, 어찌 꺼낼꼬?

지금은 작고하신 소설가 김성동 씨의 소설 《만다라》에서 만난 '병 속의 새'라는 선禪불교의 화두話頭가 생각난다.

그 화두는 이렇다.

"여기 입구는 좁지만, 안으로 들어갈수록 깊고 넓어지는 병이 있다. 조그만 새 한 마리를 집어넣고 키웠지. 이제 새를 꺼내야 하겠는데, 그동안 너무 커져서 나오지 않는다. 어떻게 하면 병도 새도 다치지 않고 꺼낼 수 있을까?"

과연 정답은 무엇일지 궁금하다. 이 질문에 대한 정답이 존재할까? 그런데도 불교에서 깨달음을 추구하는 사람들에게 이런 화두를 주는 이유는 무엇일까?

나는 이 질문에 대해 답을 이렇게 제시했다,

나는 유리 자르는 칼로 병 입구를 충분한 자르고서 새를 꺼내 주었다. 그러자 질문한 자가 내게 반론을 제기한다. 병을 깨지 말라고 하지 않았느냐고. 그러면 나는 병에서 꺼낸 새로 냅다 상대방의 머리를 쳐 갈긴다. 나의 갑작스러운 공격에 상대방은 그만 기절해 버린다. 그리고 그로 인해 새도 죽어버린다.

이제 병도 깨져 버렸고, 새도 죽어버렸다. 중요한 것은 나에게 화두를 내린 상대방도 기절해 있다. 그렇다면 나는 이 화두를 깨는 데 실패한 것일까, 성공한 것일까?

나는 중국집에 전화해서 짬뽕 한 그릇과 독한 고량주 한 병을 주문한다. 술맛 죽인다. 술에서 깨고 나니 병도, 새도, 사람도 다 사라지고 없다. 빈 고량주 병만 방바닥에 굴러다니고 있다.

여기까지 쓰고 나니 글이 좀 짧다. 그래서 노니 염불한다고 불가에서 전해 오는 선문답하나 소개한다.

제자의 도의 성취가 어디까지 왔는지 시험하기 위해서 스승이 제자를 불러 질문을 했다.

 스승 : 개에게도 불성佛性이 있느냐?
 제자 : 네, 개에게도 불성이 있습니다.

 그러자 스승이 들고 있던 몽둥이로 제자의 어깨를 내려친다. 그리고 다시 묻는다.
 스승 : 개에게도 불성이 있느냐?
 제자 : 아니오, 없습니다.

 그러자 이번에는 더욱 세찬 매질이 어깨에 내려꽂힌다. 제자는 아픈 어깨를 매만지며 처소로 돌아간다. 이래도 맞고 저래도 맞고, 도통 모를 일이다.

 다음 날 스승이 또다시 불렀다.
 스승 : 개에게도 불성이 있느냐?
 제자 : 아무 말이 없다.

 스승이 다시 몽둥이를 들어 제자를 내려치려 한다. 그러자 제자가 몽둥이를 빼앗아 스승을 오히려 내려친다. 그때 서야 비로소 스승은 미소를 지으며 제자에게 차 한잔을 따라 준다.

자, 이야기는 여기서 끝난다. 도대체 이 이야기의 의미는 무엇이란 말인가?
여러분은 알겠는가?

진로眞露는 '참이슬'이 아니다

우리나라에서 생산되는 술 중에 진로眞露라는 소주가 있다. 진로의 한자 의미를 우리말로 풀면 '참이슬'이다. 참이슬, 묘하게도 참, 진짜라는 의미를 담았지만, 그것은 이슬이 아니다. 알코올 성분이 들어 있는 술이다. '이슬'이 아니라 술이다.

왜 '참'이라는 의미가 있는 '眞'이라는 한자를 붙였음에도 불구하고 이슬이 아닌 술일까? 아이러니하게도 '참'을 붙인 것이 '참'이 아닌 '거짓'이 되어버렸다. 세상의 이치가 '참'을 강조할수록 '참'과는 멀어지는 것일까?

요즘 어려서부터 한자를 '한 자 한 자' 뜯어 먹었다는 분으로부터 한자를 공부하고 있다. 그 분으로부터 참을 뜻하는 '진眞'

자에 내포된 의미 풀이를 접하고 눈이 번쩍 뜨였다.

우선 진眞 자를 구성하는 각 글자 하나하나를 뜯어서 살펴보자.

匕비수 비 : 비수나 숟가락을 뜻하지만, 匕 자의 갑골문을 보면 본래 사람을 그린 것으로 손을 올린 모습 ⟩이 그려져 있었다. 그래서 匕 자가 부수로 쓰일 때는 대부분이 사람과 관계된 의미를 전달하게 된다.

目눈 목 : 말 그대로 눈을 의미한다.

匸숨을 은 : 숨다, 숨기다.

八여덟 팔 : 원래 뜻은 사과가 둘로 나누어진 모습이다. 변화를 의미한다.

이러한 각 분해된 글자들을 종합하여 해석하면 이렇다.

匕 + 目 : 여기서 눈目은 귀耳나 입口 혹은 코鼻를 대표한다고 이해해 주기 바란다. 우리는 자신이 보고, 듣고, 맛보고, 냄새 맡은 세상이 실제實際이고 참이라고 여기는 경향이 있다, 그러나 그 보이지 않는 숨겨진 곳(匸 : 숨을 은)이 있다는 것은 놓치기 쉽다. 또한, 내가 보지 못하는 곳에서 나누어지고 쪼개지는 끊임

없는 변화八 : 여덟 팔가 이루어지고 있음을 또한 간과한다. 그러니 우리가 감추어진 모습은 보지 못할 뿐만 아니라 시간 속에서 변화하는 것을 알지 못한 체, 지금 내 눈에 보이는 것만을 보고 참이라 한다면, 참은 참이 아닌 거짓이 되고 만다는 오묘한 뜻을 숨기고 있는 글자이다.

그런데 우리가 참된 것으로 목격하고 있는 것은 오직 제한된 정보와 경험을 통해서 인식한 부분적인 것이고, 일시적인 것 임에도 그것을 절대적인 참이라고 잘못 알고 있는 경우가 흔히 있을 수 있다. 일반적으로 우리는 우리의 경험과 정보의 한계로 인한 인식의 한계를 피할 수 없다. 또한, 모든 것은 변화하게 마련인 자연의 섭리를 초탈할 수 없다. 그 어떤 것도 궁극적으로 참일 수 없는 운명에 처하게 마련이다. 결국, 한자어 참 진眞은 이미 그 의미 속에 참이 아님, 즉 거짓일 수 있음이 내포되어있는 아이러니한 글자다.

만일 최초에 선인들이 이 글자를 조어할 때, 이런 의미를 애당초 담고 사용했다면, 그분들은 자연과 삶의 이치를 통달하고 있었음이 틀림없다고 할 것이다.

참이 곧 거짓이고 거짓이 곧, 참일 수 있다는 것을 안다면, 우리

148

가 세상 살아가면서 어느 한 가지 의견이나 주장을 절대적인 것으로 고집하지 않고, 그것이 진리라고 우겨대는 완고함 대신에 유연한 삶을 살 수 있는 자유를 확보할 수 있을 것이다.

진眞이라는 글자 속에 담긴 숨겨진 의미를 공부하며, 드디어 나는 그물에 걸리지 않는 바람으로 살 수 있을 것 같다.

진로眞露는 이슬이기도 하고 술이기도 하다. 나는 종종 이슬을 마시기도 하고 술을 마시기도 한다. 그런데 이슬을 마셔도 취한다. 고것 참 묘하다. 허허.

27

진로眞露는 '참이슬'이 맞다

앞에서 '참眞'이라는 글자 속에 내포된 '참眞은 참이 아니다'를 주제로 글을 썼다. 새로운 해석으로 참眞을 다시 다루어 보고자 한다.

사람은 자기匕의 눈目으로 본 것을 사실로 믿는 경향이 있다고 했다. 그래서 자신이 직접 볼 수 없는 숨겨진 곳ㄴ에서 일어나는 변화ㅅ는 알 수 없는 법이다. 그러니 그 감추어진 것을 보지 못하고서 자기 눈으로 보이는 것만을 토대로 그것이 진실 곧, 참이라고 믿어버린다면 중대한 오류를 범할 수 있는 위험이 있다. 우리가 만일 그런 오류를 피하고자 한다면, 단순히 내가 보고 경험한 것을 넘어서 내가 보지 못하는 것까지 읽어낼 수 있는 혜안慧眼을 가지려는 노력이 필요할 것이다. 그러고 나서야 비로소, 참眞의 세계를 알 수 있다고 할 것이다.

다시 한번 참 '진眞'이라는 글자를 통해 얻는 통찰을 간단히 표현하자면, 자기의 눈으로 포착되는 세계가 곧 진실이라고 믿지 말자는 것이다. 눈에 보이지 않는 곳에서도 일어나고 있는 변화까지도 읽어서 판단할 때, 비로소 진실한 참의 세계를 만날 수 있게 되는 법이다.

그래서 한자를 조어한 고대의 현인들은 한 번 더 우리에게 경각심을 주기 위해 다음과 같은 글자도 만들었을 것이다. 그 글자는 '삼간다', '신중하다'라는 의미가 있는 신愼이라는 글자다.

이 신愼이라는 글자는 진眞을 이루는 글자 중 하나인 은 ㄴ:숨을은 자 왼쪽에 마음심心=忄을 배치하였다. 왜 왼쪽에 마음을 두라는 의미를 담았을까? 은 ㄴ자는 왼쪽은 막혀있고, 오른쪽은 열려있다. 열린 쪽은 드러나 있으니 보이기 마련이다. 반면에 막힌쪽 사물은 눈에 보이지 않는다. 그러니 열려있는 것 외에도 감추어진 것에도 마음을 쓰고서 세상을 바라보는 신중한 자세를 견지하라는 의미를 담아 심心 자를 왼쪽에 배치했을 것이다. 또

위쪽과 오른쪽으로 대변되는 기존의 질서만 고집하지 말고, 감추어진 왼쪽 그리고 아래쪽에 있는 미지의 세계를 탐험하려는 마음도 가지는 것이 세상을 신중하게 경험하는 것이라는 지혜를 담았다.

우리에게 '미움받을 용기'를 권했던 심리학자 '알프레드 아들러'는 이렇게 말했다.

"내 눈으로만 세상을 바라보면, 세상은 불완전하다. 상대의 눈으로 보고, 상대의 귀로 듣고, 상대의 마음으로도 읽어낼 때, 세상은 비로소 조화를 회복한다."라고 그는 강조했다. 아마도 삼갈 '신愼'이라는 글자 속에도 아들러의 정신이 녹아있지 않을까?

이제 '참'이라는 의미를 담은 한자어 '진眞'이 암시하고 있는, 눈에 보이는 것을 넘어서서 감추어진 세상까지 읽어낼 때, 진로 眞露는 '참이슬'일 수 있다. 그리하여 우리는 물水로 마실 수도 있고, 술酒로도 마실 수 있는 '자유로움'을 확보할 수 있다.

햇살에 반짝이는 참이슬을 고요히 바라보며 자신의 영혼과 대면하기도 하고, 혼탁한 세상을 진로 주酒에 기대서 대면하기도 하면서, 술인 듯 물인 듯 마음 가는 대로 마실 수 있다면, 그물에 걸리지 않는 구름으로 살아갈 수 있을 것이다. 결국 진로眞露는 참이슬이다.

지도는 영토가 아니다

A map is not a territory. 지도는 영토가 아니다. 이 말은 NLP 코칭에서 가장 강조되는 말이다.

중국에서 전해지는 이야기가 있다.

어느 대 부호富豪가 있었다. 큰 부자였기에 집안에 하인 하녀들을 거느리고 위세를 부리며 떵떵거리며 살고 있었다. 어느 날 이 부자가 1년을 기약하며 장기간 먼 지방으로 출장을 가게 되었다. 그러자 그의 아내는 옛날부터 마음에 둔 한 사내와 정분情分이 났다. 남편이 장기간 자리를 비운 터라 다소 방심했던지 주변 사람들에게도 눈에 띄게 되었다. 그런데 약 1년을 기약하고 떠난 남편이 갑자기 6개월도 안 되어 귀가하였다. 아내는 자신의 불륜이 남편에게 알려지게 될까 봐 두려웠다. 급기야 자신의 부도덕한 관계를 숨기기 위해 남편을 독살할 음모를 꾸몄다. 그래서 남편이 귀가한 날 대청마루에 앉아서 여독을 풀고 있는 남편에게 가져갈 차에 독약을 탔다. 그 독약을 탄 찻잔을 하녀에게 시켜 남편에게 가져다주도록 명령했다. 이 사실을 알고 있는 하녀는 난처한 상황에 빠졌다. 차를 갖다 바치면 남편이 독살될 것이고, 이 사실을 남편에게 알리면 아내가 큰 곤경에 빠지게 되니, 진퇴양난에 처하게 되었다. 급기야 그 하녀는 실수를 가장하여 넘어지면서 차를 땅바닥에 엎질러버렸다.

대청마루에 앉아서 차가 오기를 기다리던 그 부호가 이 장면을 보게 되었다. 그는 불같이 화를 내며 하녀를 닦달하기 시작했다. 조심치 못하게 감히 주인의 찻잔을 엎질렀다며 죽지 않을 만큼 두들겨 팬 다음 집에서 내쫓아버렸다.

주인이 저지른 실수는 무엇인가? 참 '진眞' 자가 주는 교훈을 다시 새겨 보자. 그는 자신匕의 눈目으로 본 사실, 즉 찻잔을 땅에 엎지른 사건만을 보고 그것을 진실로 알았다. 그러나 그 뒤에 감추어진ㄴ 변화八는 보지 못한 것이다. 그래서 정작 자신의 목숨을 살린 하녀를 상賞은 주지 못할망정, 가혹한 벌罰을 가하는 우를 범한 것이다.

주인이 자신이 본 것만으로 판단한 것은 소위 지도地圖에 해당한다. 하녀가 주인이 알 수 없도록 일부러 찻잔이 아닌 독잔毒盞

을 엎지른 감추어진 의도까지 포함한 것이 영토嶺土다.

또 다른 일화를 읽으며, 지도는 영토가 아님을 생생하게 일깨울 수 있다. 공자孔子와 그의 수제자 안회顔回에 관한 이야기다.

공자가 제자들과 함께 진나라로 가던 도중에 양식이 떨어져 일주일 동안 아무것도 먹지 못한 적이 있었다. 안회가 가까스로 쌀을 구해와 밥을 지었다. 공자는 밥이 다 되었는지 부엌을 들여다보다가 밥솥의 뚜껑을 열고 밥을 한 움큼 먹고 있는 안회의 모습을 보게 되었다. 공자는 깜짝 놀랐다. 안회는 제자 가운데 도덕성 수양이 가장 잘되어 공자가 아끼는 제자였기 때문이었다. 공자는 크게 실망하고 곧 자신의 방으로 돌아왔다. 이윽고 안회가 밥이 되었다고 하자 공자가 말했다.

"안회야, 내가 방금 꿈속에서 선친을 뵈었는데 밥이 되거든 먼저 조상에게 제사를 지내라고 하더구나."

밥을 몰래 먹은 안회를 뉘우치게 하려는 의도였다. 그 말을 들은 안회는 곧장 무릎을 꿇고 말했다.

"스승님, 제가 지은 밥으로는 제사를 지낼 수는 없습니다. 제가 뚜껑을 연 순간 천장에서 흙덩이가 떨어졌습니다. 스승님께

드리자니 더럽고 버리자니 아까워 제가 그 부분을 먹었습니다."

이 말을 들은 공자는 안회를 잠시나마 의심한 것이 부끄럽고 후회스러웠다. 그래서 다른 제자들에게 말했다.

"예전에 나는 나의 눈을 믿었다. 그러나 나의 눈도 완전히 믿을 것이 되지 못하는구나. 예전에 나는 나의 머리를 믿었다. 그러나 나의 머리도 역시 완전히 믿을 것이 되지 못하는구나. 너희는 보고 들은 것이 꼭 진실이 아닐 수 있음을 명심하라."

공자는 안회가 먼저 솥을 열고 밥을 먹은 것을 보았다. 그것을 본 공자는 '천하의 안회마저 배고픔 앞에서는 예禮를 잊는구나'라고 생각해서 실망을 금할 수 없게 되었다. 공자만의 지도가 완성된 것이다. 그러나 안회의 답변을 통해 영토를 제대로 파악하게 된 공자는 만고에 남을 명언을 남기게 된다.

"너희는 보고 들은 것이 꼭 진실이 아닐 수 있음을 명심하라."

모든 진실의 절반은 거짓이다

한 수행자가 살고 있었다. 그는 기어코 성불하리라는 서원을 세우고 자비행을 실천했다. 그런데 하루는 비둘기 한 마리가 독수리에게 쫓겨 수행자의 품으로 날아 들어왔다. 비둘기를 안아 보호하는데 이번엔 독수리가 날아와 비둘기를 내놓으라고 애원했다. 그러나 수행자는 단호하게 거절했다.

"내 사냥감을 돌려 달라."
"나는 수행자가 될 때, 모든 생명을 다 구하겠다고 서원했다. 그런데 어찌 비둘기가 죽을 줄 알면서 내놓겠는가?"
"그렇다면 나도 그 중생에 포함될 텐데, 나는 지금 먹이를 먹지 않으면 굶어 죽을 처지다. 내게도 자비를 베풀어 달라."

독수리에게 쫓기는 비둘기를 살려주려는 수행자의 행동을 우리는 과연 완벽한 선善이라고 말할 수 있을까? 비둘기를 살려주려고 하니 굶어 죽는 독수리가 울부짖을 터이고, 독수리를 살려주려고 하니 비둘기의 생명이 희생되는 상황이다. 어떤 선택을 해야 바람직할까?

고민하던 수행자는 대신 먹을 것을 주겠다고 말했다. 이에 독수리는 비둘기 무게만큼의 생고기를 달라고 했다. 수행자는 생고기를 구하기 위해 다른 생명을 죽일 수 없어 자신의 살점을 도려내 주기로 한다. 허벅지 살을 잘라 저울에 올려놓았지만, 비둘기가 더 무거웠다. 다리 전체를 잘라서 올려놓아도, 이어서 팔을 잘라 올려도 비둘기가 더 무거웠다. 결국, 수행자는 자신의 온몸을 저울에 올리고 나서야 비둘기와 같은 무게를 만들 수 있었다. 이 수행자는 누구였을까? 다름 아닌 전생의 부처님이었다.

우리는 여기서 어떤 것을 보았는가?
모두 처음에는 비둘기의 생명을 구해주는 것이 선善이라고 생각했을 것이다. 그러나 생태계의 원리는 누군가는 누군가의 먹이가 되어야만 유지된다. 누군가의 생명을 구하는 것은 누군가의 삶을 위태롭게 만드는 것이나 다름없다. 그러니 내가 지금 행하는 어떤 것이 궁극적으로 선으로 귀결된다고 자신할 수 있을까?

비둘기의 무게만큼 자기 자신의 몸을 희생해서 독수리의 먹이로 내주겠다는 그 숭고한 희생정신에 대해서는 어떻게 생각하는가?

겉보기에는 수행자의 팔 한쪽의 무게만 해도 비둘기 몸무게보다 훨씬 더 나갈 것 같은데, 어찌해서 온몸을 올려놓고서야 비로소 무게가 같아졌을까?

어찌 내 한 개의 팔이 독수리의 목숨과 같은 무게일 수 있을까? 우리는 일반적으로 '한 갓 미물의 생명쯤이야.' 하면서 대수롭지 않게 여기는 경향이 있지만, 수행자는 모든 생명체의 생명값은 견줄 수 없이 서로 똑같이 소중한 것임을 깨달았다.

이 글의 제목을 확실히 이해하기 위해서는 영어로 된 문장을 읽어 보는 것이 도움이 될 수 있다.

Every truth is half false.

'세상에 진실이라고 알려진 것의 절반은 거짓이다.' 라는 뜻이 아니고 '모든 진실 그 자체의 절반이 거짓이다.' 라는 말이다. 비유하자면 손이 손등 없이 손바닥만으로 이루어질 수는 없다는 것이다.

신라 시대의 화랑이었던 원효가 백제와의 전투에서 패배하고 그로 인해 친했던 친구 화랑의 죽음을 슬퍼하다가 문득 지난 전투에서 자신이 승리의 쾌감을 만끽하고 있을 때 상대 진영의 누군가는 지금의 자신처럼 친구나 아버지 혹은 자식의 시체를 부여안고 슬픔과 고통의 몸부림을 쳤을 것이라는 자각에 삶의 모순과 허무함을 깨닫고 중이 될 결심을 했다고 하는 이야기가 전해진다. 여기서도 동전의 양면의 이치를 확인할 수 있다.

숲은 화재로 인해 다시 젊어지고 죽음은 새로운 생명에게 공간을 준다는 말이 있다. 이처럼 선은 악과 함께 있는 것이고, 아름다움은 추함과 한 쌍으로 된 쌍둥이임을 안다면, 절대 '선'과 절대 '미'를 추구하는 어리석음에서 한발 물러설 수 있을 것이다.

착한 척하는 사람을 경계하라

《장자》에 이런 말이 있다. "편안하지 않고 유쾌하지 않은 것은 결국 덕이 아니다. 덕이 아니면서 오래 갈 수 있는 것은 천하에 없다."

덕德은 도道가 밖으로 드러나는 모습이다. 그래서 나는 위에 제시된 말을 '본성에서 비롯되지 않은 행위는 본성과 어긋나는 에너지를 억지로 끌어 써야 하므로 자연스럽지 못하고, 힘이 들어서 오래 갈 수 없는 것'이라고 이해한다. 한 마디로 편안하지 않고 유쾌하지 않은 것은 도에 어긋나게 행동을 하기 때문이다.

나는 수많은 관계 속에서 만난 소위 착한 척하는 사람에게 위 내용을 비추어보고자 한다. 그래서 위에서 인용한 장자의 말을 이렇게 바꾸어 본다.

"착한 사람은 편안하고 유쾌한 삶을 살지만, 착한 척하는 사람
은 그렇지 못하다. 착한 척하는 것은 덕이 아니기 때문이다."

착한 사람은 착함이 본성이지만, 착한 척하는 사람은 본성이
착하지 않다. 본성에 어긋나게 사는 것은 도道와 덕德을 따르는
삶이 아니기에 힘들 수밖에 없다. 그러니 착한 척하는 시간에
본성을 바꾸도록 노력해야 할 것이다.

그런데 본성은 바뀌는 것일까? 이 질문은 수많은 철학자와 과
학자들의 이름을 역사서에 남긴 주제다. 일반적으로 타고난 본
성Nature 파와 성장하면서 만들어진 본성Nurture 파, 그리고 상호
작용주의Interactionism파로 나뉘어 치열한 논쟁을 벌여오고 있다.
나는 '본성은 변할 수 있다'라는 입장을 지지하고 있다.

그러면 무엇을 본성이라 하는가? 우리의 일상 행동을 결정하
고 영향을 미치는 성격, 가치관 혹은 신념 등이라고 정의한다.
우리가 경험한 사회적, 문화적, 교육적 영향과 같은 외부적 요인
뿐만 아니라 우리가 의식적의도적으로 생각하고 말하고 행동하
는 것이 고착되어서 만들어지는 것이 본성이 되는 것이다. 우리

나라 단군 신화에 나오는 곰이 쑥과 마늘만 먹고 100일을 동굴 속에서 버티어 사람이 되었다는 것은 바로 본성이 바뀔 수 있다는 것을 보여 주는 상징 설화다.

근본이 착한 사람이 되기 위해서는 무엇이 필요할까? 먼저 도 道 = 세상이 굴러가는 이치를 알아야 한다. 그리고 그 도에 합치된 삶을 살기 위해 많은 연습이 필요하다. 자동차 운전 기술을 배우고 수시로 차를 운전하는 훈련을 통해서만 자연스럽게 운전할 수 있듯이 말이다. 그러나 운전을 제대로 익히지 않은 사람이 차를 운전하면 얼마나 힘들고 위험하겠는가?

착한 사람이 되는 것은 쉬운 일이 아니다. 곰이 사람이 되려고 끝까지 쑥과 마늘만 먹고 100일을 버틴 강한 실행력을 본받는 것이 아니라, 남들 앞에서만 쑥과 마늘을 먹는 척하고 남들이 안 보는 데서는 고기를 먹어대며 사람이 되는 척하는 삶에서는 본성의 변화를 기대할 수 없다. 본성에 어긋나는 위선적 삶은 힘들 수 밖에 없다.

착한 척하는 사람은 언젠가 내 등에 칼을 꽂는 사람이 될 가능성이 크다. 그들이 강한 자의 위치에 서게 되면 가장 잔인하고 무자비하게 행동한다는 것은 익히 알려진 사실이다. 그것이 그들의 본성이기 때문이다. 그들은 압력밥솥처럼 본성을 억누르고 있었을 뿐이다. 그들이 자신의 본성을 표출할 수 있는 여건이 형성되면 그 폭발력은 가히 상상을 초월한다. 본성을 바꾸는 척하고서 며칠을 굶은 호랑이가 굴 밖을 벗어나서 어떤 행동을 했을 것인가를 상상해보라.

착한 척하는 사람은 행복하지 않다. 그들은 호랑이가 억지로 사람이 되려고 며칠을 굶어서 배가 고파서 더욱 포악해진 것처럼, 억지로 착한 척하느라 에너지를 쥐어짜서 썼기 때문에 스트레스가 많이 쌓여서 고약해진다. 그래서 틈만 나면 불평불만을 표출하고 남에 대해 비난하고 원망하는 경향이 있다. 그들은 도무지 포용력이 없다.

그러니 곰처럼 독하게 인내하여 자기 본성을 바꾸는 데 성공할 수 없다면, 어설프게 착한 사람 흉내 내기를 하다가 더 흉포한 사람이 되지 말고, 그냥 본성대로 살 일이다.

부디 착한 척하며 살지도 말 것이며, 또한 착한 척하는 자를 경계하라. 착한 척하는 것은 도와 덕에 어긋나는 일이다.

31

그대 부디 착善하게 살게나

 누군가가 당신을 향해 '참 착하시군요'라고 평가해 준다면, 당신은 어떤 반응을 보이겠는가?

 "그렇게 평가해 주셔서 감사합니다."
이렇게 기쁘게 받아들일 것인가?

 "뭐야! 내가 바보라는 얘기야?"
이렇게 기분 나쁘게 받아들일 것인가?

 지금처럼 경쟁이 치열한 자본주의 사회에서 자기 자식을 '착하게 살아'라고 권하는 부모가 과연 몇 명이나 될까 궁금하다. 그런데 과연 착하게 산다는 것이 무엇을 말하는 것일까?

'착하다'라는 말을 의미하는 한자어는 선善 자다. '착할 선'자의 의미를 제대로 파악하고 나면, 착하게 산다는 것이 얼마나 어려운 일이고, 중요한 일인가를 알게 된다.

우선 선善은 羊양과 口입라는 글자의 합성어이다. 이것은 무엇을 의미하는가? 착하다는 것은 사람들의 입에 먹을 것羊 갖다 주는 행위를 말하는 것이다. 예나 지금이나 치자治者의 최고의 덕목은 사람들을 잘 먹여 살리는 일이다. 고대에는 사람들이 굶주리지 않도록 사냥을 잘하고 가축을 잘 기르는 일이야말로 착하고 어진 것이라고 할 수 있었을 것이다.

그러면 양을 잘 키워서 사람들을 잘 먹여 살리기 위해서 무엇이 필요한 것일까? 한자 사전에 '善'이라는 글자는 '착하다, 어질다'라는 뜻 외에도 다음과 같은 풀이가 뒤따른다.

1. 잘 알다, 통달하다.
2. 잘한다, 뛰어나다.
3. 씻다, 세척하다.
4. 아끼다, 소중히 여기다.
5. 많다, 풍성하다.

이 의미들을 종합적으로 해석하여 '선'을 정의해보자. 우리가 착하게 살려면 먼저 사물과 세상의 이치를 제대로 아는 것이 필요하다. 또한, 단순히 아는 것에 그치지 않고 앎을 제대로 실생활에 제대로 적용할 수 있어야 한다. 다시 말해 운전 지식만 갖추는 것이 아니라 부단한 운전 연습을 통해 실제로 운전을 잘할 수 있어야 한다는 말이다.

그런데 '씻다, 세척하다'라는 말이 왜 선하게 사는 데 필요한 것일까? 세상은 매 순간 변한다. 어제까지 없었던 길이 새로 생겨나기도 하고, 지금껏 없었던 기술이 새로 발명되기도 한다. 그런데 과거에 진실로 통하는 것이 이제는 진실이 아닐 수 있는 세상에서 자신의 지식과 기술을 가다듬지 않고 고루하게 살아간다면, 수몰되어 저수지로 변해버린 옛집을 찾아가겠다고 물속에 뛰어드는 우를 범하는 것과 다름이 없을 것이다. 더는 먹잇감이 출몰하지 않는 골목길을 지키며 신경을 곤두세우다 굶어 죽어서는 안 될 것 아니겠는가? 결국, 매일매일 자신을 새롭게 하는 게 선하게 살아가기 위한 기본자세라는 것이다.

그러면 아껴야 한다는 말은 무슨 뜻인가? 전통이나 과거의 사상들이 모두 고리타분해서 버려야 하는 것은 아닐 것이다. 즉 필요한 것과 불필요한 것을 잘 분간하여 필요한 것들을 소중하게 여기고 아낀다면 삶이 더욱 풍요로워지고 가치 있게 될 것이다. 또한, 재물이나 에너지도 불필요하게 낭비하지 않아야 장차 필요한 때 필요한 것을 투입하고 집중하여 목표한 것들을 잘 이루어 낼 수 있을 것이다.

삶의 여유가 생긴다면 당연히 남에게 베풀 수 있는 사람이 될 수 있다. 자신이 가진 것이 없는데 어떻게 남에게 베풀 수 있단 말인가? 재산이든 지혜든 혹은 시간이든 많고 풍성해야 한다는 말이다. 그때 비로소 착하고 어진 사람이 될 수 있는 것이 아니겠는가?

착하다, 즉 '善' 하다는 말을 제대로 이해한다면 착한 사람이 된다는 것은 지극히 어려운 일이다. 그러나 진정 행복하고 가치 있는 삶을 살기를 원한다면 착한 사람이 되기 위한 부단不斷한 노력을 기울여야 한다.

나는 착한 사람이 되고 싶다, 그러나 단순히 착한 사람이 되고 싶다는 소망만으로는 부족하다.

"나는 기필코 착한 사람이 되고 말 것이다."

32

소신을 바꾼 적 없는 사람

"한 번도 소신을 바꾼 적이 없는 사람과는 상종도 하지 마라."

위 말은 내가 중학교 1학년이었을 때, 어느 날 술이 거나하게 취하셔서 귀가하던 길에 아버지께서 내게 하신 말씀이다. 아마도 마을 정자에서 완고하게 자기 견해를 고수한 사람과 언쟁하고, 답답한 마음에 내게 하신 말씀이었던 것 같았다. 그러나 초지일관初志一貫의 철학이 강조되던 그 당시의 문화풍토에서, 나는 이해하기 힘든 말씀이었다.

그 후 내가 중3 때 부산으로 전학 가는 길에, 나를 앞세우고 진지하게 다시 한번 내게 당부한 말씀이 '한 번도 자기 소신을 바꾼 적이 없는 사람과는 상종해서는 안 된다.'라는 것이었다. 그러나 그분은 평생을 술을 친구삼아 사셨던 분이기 때문에, 나는 그 말을 명심하기보다는 귓등으로 흘려들었을 뿐이다. 이 몸이 죽고 죽어 일백 번 고쳐 죽어도 조선의 건국을 도울 수 없다며, 고려에 대한 절개를 고집하다가 선죽교에서 이방원태종의 철퇴에 맞아 숨져간 정몽주를 숭배하고, 세조의 왕위 찬탈에 반대하고 단종의 복위를 시도하다 실패하여 숨져간 사육신을 충신으로 받드는 시대 풍토에서, 아버지의 이 말씀은 터무니없는 말로 여겨졌다.

주말이면 친구와 자주 자전거 여행을 떠난다. 낙동강 강변에 잘 닦아진 자전거 길을 거침없이 달리며, 친구가 자주 '이명박 전 대통령 덕분에 우리가 이런 호사를 누리는 것이다.'라는 말을 내게 건넨다. '그래, 맞다. 그때 그분이 4대강 사업을 안 했더라면 이런 멋진 길이 만들어질 수 없었겠다.'라며, 나도 맞장구를 치며 힘내어 함께 달린다. 그러다 문득 나는 그때 무엇을 했나 생각해본다. 4대강 사업은 환경을 파괴할 뿐만 아니라 경제적으로도 비효율적이라는 명분을 내세워서 격렬하게 반대 데모에 참여했던 기억이 떠올랐다. 더불어 이명박 전 대통령 임기 초반에 있었던 미국산 소고기 수입 반대 투쟁에 앞장서서 나섰던 기억이 겹친다. 광우병狂牛病 걸린 소고기를 절대 수입해서는 안 된다고 그렇게도 많은 사람이 외치더니, 나를 비롯한 수많은 사람이 지금은 미국산 소고기가 없어서 못 먹는 상황이 되었다. 2024년 2월 서울경제 신문은 이런 기사를 실었다.

한국이 3년 연속 전 세계에서 미국산 소고기를 가장 많이 수입한 것으로 나타났다. 19일현지시간 미국 농업부USDA와 미국 육류수출협회USMEF에 따르면 작년 한 해 동안 한국의 미국산 소고기 수입량은 23만 3,081톤t으로 지난 2021년, 2022년에 이어 전 세계에서 가장 많았다.

나는 지금도 2008년 미국산 수입 소고기 반대 투쟁에 결사적으로 나섰던 내 과거가 부끄럽다. 제대로 잘 알지도 못하면서 나와 정서적 사상적 유대관계가 있는 집단의 주장에 적극적으로 동조하고 앞장서서 선동했던 나의 오류를 보며 많은 반성을 하게 된다. 말 그대로 무식한 놈이 용감했다는 것을 고백한다.

대학을 졸업하고 전두환 독재정권에 맞서 민주화를 위해 분신자살한 동문을 추모하기 위한 단체의 장을 오랫동안 맡아오면서 접하게 된 분들이 있다. 일명 비전향 장기수 어른들이다. 이들은 공산주의 사상을 가지고 활동한 인민군 포로, 남파된 정치 공작원, 남한에서의 반체제 운동가들로 평균 30년 정도 감옥 생활을 한 장기수들이다. 사상을 전환하지 않고 반평생을 감옥에서 생을 소비한 분들이다. 이들은 사상 전환을 하고 조기 석방되어 대한민국에서 자유로운 삶을 살 수도 있었을 것인데도 자유 대신에 사상과 이념을 선택한 것이다. 인생의 황혼기가 되어서야 석방되어 삶의 의지와 활력을 잃어버리고 그저 살아가고 있는 그들을 보며 만감이 교차함을 어찌할 수 없었다.

근대 물리학의 거장인 '아이작 뉴턴'은 그의 역학 이론에서 시간과 공간이 절대적이고, 모든 물체는 이 절대적인 시간과 공간에서 일정한 법칙에 따라 움직인다는 것을 주장했다. 그의 이론은 200년 이상 동안 물리학에서 가장 중요한 이론으로 통용되었다. 하지만, '알베르트 아인슈타인'은 일반상대성이론을 통해서 이러한 뉴턴의 이론을 뒤집고, 시간과 공간은 절대적이지 않고 상대적이라는 것임을 밝혀냈다. 그의 이론은 우리가 일상적으로 경험하는 시간과 공간의 개념과는 매우 다르기에, 많은 사람에게는 이해하기 어려운 이론으로 여겨지기는 하지만, 이 이론을 부정하는 과학자는 거의 없는 것이 사실이다. 어느 시점에서 절대적인 것으로 간주하던 것도 세월의 흐름과 변화에 따라 더는 통용되지 않는 구시대의 유물이 될 수 있다는 것을 보여 주는 과학의 역사다.

　고대 그리스의 철학자 '헤라클레이토스'는 '만물은 흐른다.'라고 했다. 즉, 변화하지 않는 것은 없다는 말이다. 정치. 종교, 과학, 교육, 풍습이나 관습 등 그 어느 것도 영원히 변하지 않고 절대적 진리의 자리에 서기 어렵다. 그런데 우리가 어느 때 합당하다고 여겨졌던 어떤 사상이나 이념, 철학 혹은 교육 이론 등을 절대 불변의 것으로 받아들이고 고수한다면, 그 사람은 이미 변화성이 생명인 살아있는 존재가 아니고 죽어 있는 사물과 같은 것이라는 것이 아버지의 통찰이 아니었을까 하는 생각을 이제 나이가 들면서 알게 된다.

　며칠 전 아이들과 옥상에서 불고기로 파티를 하며 가족 간의 정을 나누는 시간을 가졌다. 장작불을 피우고 불멍을 즐기며 애기를 나누던 중, 아이들이 좋아하는 야구팀을 알게 되었다. 그때, 나는 매우 충격을 받았다. 휴대전화로 기아와 롯데 야구 중계를 보던 아들이 "아, 우리가 졌다."라고 말하자 두 딸도 "우리가 졌어?"라는 말로 되받았다. 갑자기 나는 그들의 '우리we'에 속하지 않는 존재가 돼 버렸다. 나는 전라북도에서 태어나서 그곳에서 어린 시절을 보냈다. 중 3 이후에는 부산과 울산에서 살았지만, 내 고향을 지역 연고로 설립된 '해태'를 전신으로 하는 '기아' 야구팀을 평생 응원하고 살아왔다. 나는 내 자식들도 나처럼 기아를 응원할 줄 알았다. 그런데 내 자식들은 모두 롯데를 응원하였다는 것이 아주 충격적이었다. 내가 기아를 응원하는 이유는 단지 고향이 전라도이기 때문이다. 그러면 부산에서 태어난 우리 아이들이 부산을 연고지로 하는 롯데 야구팀을 응원하는 게 당연하게 생각해야 하는 데도, 내가 응원하는 기아를 응원하지 않는 것에 당황하고 충격을 받은 것이다. 그때 문득 드는 생각, 나도 참 변하지 않는구나. 용기를 내서 나도 기아보다도 롯데를 응원해보자. 맨날 민주당만 지지하지 말고 보수당도 지지할 수 있는 유연함을 키워보자는 생각이 들었다.

아버지가 내게 건넸던 그 말씀, '한 번도 자기 소신을 바꾸어보지 않은 사람과는 상종하지 말라.'고 하셨던 그 말씀의 무게가 비로소 무겁게 느껴진다. 그것이 얼마나 힘든 일인 것인지도.

여자의 마음은 갈대라는 말이 있다. 여자의 지조없음을 비웃는 말로 사용되고 있지만 이제 그 의미를 전도시킬 때가 되었다. 여자는 갈대처럼 자기를 고집하지 않고 상황에 맞게 적응하고 변화하기 때문에 위대한 존재다. 오직 힘과 용기가 있는 자만이 자신의 소신을 바꿀 수 있는 것이다.

"차라리 부러질지언정 휘어지지는 않겠다"는 말이 그렇게 용기 있는 말로 더 이상 받아들여지지 않는 세상이 더 아름다울 수도 있지 않을까?

33

함부로 선생을 두지 마라

《도덕경道德經》'3장, 불상현不尙賢 편'을 공부하다가 다음과 같은 내용을 만났다.

"2차대전 당시 일본이 패망할 때 한 여자아이가 미군을 피해 도망치는데, 시체들이 여기저기 널브러져 있었다. 그 시체들을 지나 도망친 아이가 어른이 되어 인터뷰했는데, 그때 널려 있었던 시체들은 미군이 죽인 것이 아니라, 자결自決한 것이라 말하였다. 그들은 적군에게 대항하지 못하면 자결하라는 학교의 가르침에 따라 죽음을 택했고, 자신은 학교에 갈 형편이 못되어, 그 가르침을 배우지 못했기 때문에, 죽는 게 두려워 도망쳤다고 했다. 그녀는 돌이켜 생각해봐도 자신이 학교에서 배우지 못한 것은 다행한 일이라고 말했다."

이 내용은 어느 TV에서 나온 말이라는 서두를 달고 제시된 글이어서 인터넷에 검색했지만, 진위를 가릴만한 정보가 없었다. 그렇지만 이 내용이 사실임을 전제로 이야기를 풀어가보고자 한다.

나는 이 글을 접하면서 제일 먼저 종교 광신자들, 정치적 이념의 맹목적인 신봉자들 그리고 사회, 경제, 문화 등 여러 영역에서 '내가 정답이다', '내가 진리'라고 주장하는 수많은 지자知者를 가장한 우자知者에게 휘둘리어 자기 주체성을 상실한 채 살아가는 사람들이 떠오른다. 그들은 스스로 검증하려는 노력을 포기한 채 누군가의 권위와 도그마Dogma ; 독단적 신념를 자발적으로 수용해버린 사람들이다. 그리하여 맹목적으로 그들을 추종하고 그들에게 이용당하는 사람들이다.

신앙을 위해 순교하면 천국에서 수많은 큰 보상을 받는다는 허황한 도그마를 믿고, 자살 폭탄으로 무고한 생명을 살상하는 자들, 애국이라는 이름으로 인종 학살을 감행하는 자들, 이데올로기의 신봉자가 되어 상대를 가차 없는 박멸의 대상으로 여기는 자들, 자신의 신앙을 전하는 것이 상대를 구원의 길로 이끈다는 것을 맹신하며 폭력적으로 도를 전하는 자들, 그러나 이들은 정작 자기 자신이 무도無道한 자라는 걸 모르는 사람들일 가능성이 크다. 이들은 바로 학교에서 교육받은 대로 자결自決을 택한 2차 세계대전 말미의 일본 학생들과 무엇이 다르겠는가?

함부로 선생을 두거나 어떤 도그마를 신봉하면 어떤 무서운 결과가 초래될 수 있는지를 보여 주는 또 다른 사건을 확인해 보자.

"Take our life from us. We laid it down. We got tired. We didn't commit suicide. We committed an act of revolutionary suicide protesting the conditions of an inhumane world."

"우리의 생명을 우리로부터 취합시다. 우리는 내려놓았습니다. 우리는 지쳤습니다. 우리는 자살을 하는 것이 아닙니다. 우리는 혁명적인 자살이라는 방법으로 잔인한 세상에 저항하는 것입니다."

위는 사이비 종교인 '구주의 사도 인민사원'Peoples Temple of the Disciples of Christ)의 교주이자 가이아나에 '존스타운'이라는 마을 겸 인민사원을 만들어서 인민사원 집단자살 사건을 일으킨 장본인인 짐 존스가 마지막으로 남긴 말이다. 1978년에 인민사원의 신도들에게 자살을 강요해 수많은 신도들을 학살했으며 그 자신도 머리에 총상을 입고 사망한 상태로 발견되었다. 항년 47세. 그러한 집단자살이 가능했던 이유는 존스가 항상 신도들에게 "우리의 자살은 자살이 아니라 혁명이다."라고 교육하였으며 매일같이 '자살 연습'이라는 명목으로 가짜 독극물로 신도들을 연습시키곤 했기 때문이었다고 한다. 기록에 의하면, 존스 자신을 포함하여 신도 총 909명이 청산가리를 탄 포도향의 플레이버 에이드를 마시고 집단자살을 했는데 놀랍게도 많은 사람들이 마치 도살장에 끌려가는 짐승처럼 순순히 존스의 말에 따라 자신의 자식들에게 독을 먹인 다음 자기들도 마시고 사망했다. 이것은 미국을 넘어 아메리카 대륙 역사상 최대의 집단자살 사건으로 알려져 있다. 아이러니하게도 짐 존스는 집단자살 1년 전인 1977년에 [마틴루터 킹]인권상을 수상했다.

'우치다 타츠루'와 함께 쓴 대담집인 ≪절망의 시대를 건

너는 법≫이라는 책에서 오타 킹오타쿠의 왕이라 불리는 '오카 다 도시오'는 이 시대의 대중을 정어리 떼에 비유하며 이렇 게 말한다.

[요즘 사람들은 "지금, 이 유행에 감동하는 게 틀린 건 아 니지?"하면서 아무런 생각 없이 유행에 편승하는 한편, 누군 가를 비난하고 공격할 때, 사회적으로 두들겨 패는 분위기니 까, 자기는 별생각이 없어도 모두 똑같이 몽둥이를 들어야 한다는 생각으로 동참하는 경향이 있다.]고 했다. 그는 이런 사람들을 '정어리 떼'라 부르는데, 사회가 정어리 떼처럼 되 어간다는 뜻이다.

무리가 움직이면 영문도 모르고서 무작정 따라 움직이는 정어리 떼처럼 대중 추수적追隨的으로 부화뇌동附和雷同하는 현대인의 특성을 비판적으로 묘사한 것이라 하겠다.

중국 명나라 말기의 학자이며 정치가였던 '탁오 이지 1527~1602'라는 사람도 53세에 홀연히 관직을 내던지고 '자 신이 개처럼 살았다.'라고 고백한 기록이 있다. 짧게 옮기면 이렇다.

"나는 나이 오십을 먹을 때까지 한 마리 개였다. 앞에 있는 개가 자기 그림자를 보고서 짖어대면 멋도 모르고 따라 짖었다. 누군가가 왜 짖느냐고 물으면, 그저 벙어리처럼 아무 말도 못 하고 헤벌쭉 웃기나 할 따름이었다."

함부로 선생을 두게 되면, 최소한 개처럼 살게 되거나 급기야는 아무런 대가도 없이 목숨만 잃게 되는 일이 발생할 수 있다. 그래서 ≪도덕경≫의 저자도 '소위 현명하다는 사람들을 함부로 숭배하지 말라.'고 이미 2,500년 전에 우리에게 준엄한 경고를 남겼는지도 모른다.

34

취운암翠雲庵의 영산홍에게 한 대 맞다

국내 3보三寶:佛·法·僧 사찰이 있다. 법보 사찰인 해인사, 승보 사찰인 송광사 그리고 불보 사찰인 통도사를 말한다. 나는 예전에 통도사를 여러 차례 다녀왔지만, 본 절만 구경하고 부속 말사末寺들은 다녀온 적이 없었다. 그런데 우연한 계기로 모든 말사 들을 탐방하겠다는 결심을 했다.

자동차를 이용하지 않고 통도사 입구에서부터 각 암자까지 걸어서 탐방 결심을 했다. 년 초에 계획한 주 5일 운동과 마음공부를 위함이었다. 또한 길道을 알기 위한 강렬한 욕구가 있었기 때문이다.

첫날에 백련암白蓮庵과 옥련암玉蓮庵을 탐방했다. 내려오는 길에 취운암에 들렀다. 경내 구경을 하던 중, 우연히 몇십 년은 족히 되어 보이는 분재 영산홍을 만나게 되었다. 그것을 감상하던 중 나는 내 눈을 의심하게 되었다. 한 나무 한 가지에 두 가지 색깔흰색, 진분홍색의 꽃이 동시에 피어 있는 것이 아닌가? 내가 이것을 보고 놀란 이유는 무엇일까?

몇 년 전에, 십수 년을 틈나는 대로 그림 그리기에 몰두하여 제법 수준 있는 그림을 그리게 된 사업하는 친구가 있었다. 그는 내게 스스로 그린 그림 한 점을 선물하였다. 제법 큰 크기의 그림을 액자까지 만들어 왔는데, 그 그림을 보며 나는 실망을 하였다. 그 그림에는 한 나무 한 가지에 흰색과 분홍색의 매화꽃이 그려져 있었다. 나는 어떻게 같은 가지에 저렇게 상반된 색깔의 꽃이 피어날 수 있겠냐는 의구심과 함께 이 친구가 그저 예뻐 보이게 그리려고 상식에 어긋나는 그림을 그렸다고 단정하게 되었다. 그러자 그 그림에 대한 가치가 현격히 저하되게 느껴져서 고마운 마음도 생기지 않았다. 그래서 그 그림을 눈에 잘 띄지 않는 구석진 방에다 걸어 두고 별 감동 없이 대하고 있었다. 그런데 취운암에서 그와 똑같은 상황의 영산홍을 보고 말 그대로 뒤통수를 강하게 한 대 맞은 기분이 들었다.

　《도덕경》을 독학하며 한자 이해에 막히면 종종 도움을
청하는 중국어를 오랫동안 공부해온 지인이 있다. 그분과 공
자가 말한 4물四勿에 관해 이야기하던 중 《논어》에는 4물
이 아니라 4무四毋라고 되어 있다고 한다. 어미 '모毋' 자 비
슷한 데 어미 '모' 자는 아니라고 하기에 한자 사전을 찾아보
았다. 어미 '모'라는 글자가 없을 '무'라고도 읽히고 쓰인다
는 것을 알게 되었다. 그래서 그 이야기를 그 지인에게 해 주
었더니, 절대 그럴 리가 없다고 강변하며 자기는 그렇게 쓰
인 것을 본 적이 없다고 우겨대었다. 내가 한 가지에 두 가지
색깔의 꽃이 필 수 없다고 단정적 생각을 해왔던 것이 오버
랩over-lap 되는 순간이었다.

　자신의 한정된 경험과 식견을 가지고 세상을 재단裁斷하려
했던 나의 어리석음과 직면하는 순간이었다. 그 순간은 빗자
루에 쓸려 날아간 돌멩이가 대나무에 부딪혀 내는 소리를

듣고 도를 깨쳤다는 어느 선승이 득도하는 순간만큼이나 강렬했다.

위에서 소개한 사물四勿은 논어에 나오는 말이다. 나의 오만과 아집 그리고 편협한 식견을 깨우치는 글을 마주하니 더욱 정신이 바짝 든다. 그 내용을 소개하면 이렇다. 물의勿意, 물필勿必, 물고勿固, 물아勿我다. 물의란 사사로이 해석하여 주관적으로 억측하지 말라는 말이고, 물필은 극단적 사고와 행동을 경계하라는 말이며, 물고는 통달하지 않았으면서도 통달한 것과 같은 완고함을 피하라는 의미이고, 물의는 선입견을 통한 자기의 생각을 고집하는 것을 경계하는 말이다.

우리는 어떤 것을 보고 듣고 경험하면서 자신만의 기성적 인식認識을 통해 내가 마주치는 것들을 재단裁斷하지 않을 수 없는 존재다. 문제는 내가 그렇게 세상을 보고 있다는 것을 아는 것과 재단한 세상을 실재한다고 인식하고 처신하는 것과의 차이일 것이다. 전자는 자신이 틀릴 수 있음에 열려있는 사람이고 후자는 자신이 절대적으로 옳다는 신념을 가지고 다른 사람을 틀렸다고 판단하기 때문에 타인의 생각을 고치려 드는 사람이다.

이 세상 모두는 자신만의 눈으로 보고, 자신만의 귀로 들으며, 자신만의 마음으로 느껴서 실제 영토와는 다른 자신만의 지도를 그리는 경향이 있다는 걸 알게 될 때, 사물四勿을 생활화하며 살아야겠다는 각오를 다질 수 있다.

통도사 취운암에서 만난 영산홍 분재에 핀 꽃들을 보고 깊은 깨달음을 얻는 하루였다.

또 다른 길에서는 어떤 마주침이 있을 것인지 사뭇 기대된다.

35

한 점 부끄러움 없이 살려 하지 마라

"죽는 날까지 하늘을 우러러 한 점 부끄럼이 없기를."

해방을 불과 6개월 앞두고 27세의 나이에 요절한 민족시인이라 불리는 윤동주의 대표작 '서시'는 이렇게 시작한다.

독자들은 이 구절을 읽으며 어떤 생각을 했을지 궁금하다. 그의 영혼의 숭고한 기상과 완벽한 삶을 향한 의지에 경탄과 존경의 마음을 억제하기 힘들었을까?

나는 이 구절을 읽으며 안타까움과 답답한 마음을 금할 수 없었다. 애당초 우리는 한 점 부끄럼 없이 세상을 살 수 없는 존재다. 왜냐하면, 세상 자체가 불완전하고 우리 자신이 바로 불완전한 존재이기 때문이다. 완벽한 직선이나 도형도 실제로는 존재할 수 없다. 관념 속에서나 상상해볼 수 있다. 불완전하기에 완전함을 추구하며 살 수는 있지만, 완전함에 도달할 것이라는 기대를 하는 것은 헛된 환상을 믿는 것일 뿐이다. 물극필반物極必反이라고 했다. 모든 것은 극에 달하면 다시 돌아가기 마련이다. 완벽해지는 순간 찰나의 멈춤도 없이 불완전의 방향으로 되돌아간다.

세상 모든 것을 지배하는 원리는 변화다. 변화가 없다면 그것은 자연의 이치에 반하는 것이다. 자연의 이치에 반하는 것은 존재하지 않는다. 그러므로 존재하는 모든 것은 변화를 품고 있다. 그러니 한 점 부끄럼 없기를 추구하는 삶은 불가능에의 도전일 뿐이다. 불가능한 것을 이루려고 한다면 정신적인 고통을 피할 수가 없을 것이다. 그러니 시인도 곧장 이런 구절로 그의 시를 이어갔다.

"잎새에 이는 바람에도 나는 괴로워했다."

그렇다. 완벽함을 꿈꾸는 자는 결코 행복할 수 없다. 그는 잎새에 이는 바람을 즐길 수도 있었을 텐데, 오히려 괴로움에 시달리는 삶을 살고 말았다. 이런 말도 있지 않은가? 아무런 약점이나 결함이 없는 인간은 철저한 위선자이거나 바보이거나 둘 중 하나다. 그러므로 "결점이 없는 친구는 신뢰하지 말고, 또 약점이 없는 사람은 사랑하지 말라."부처님도 6년간의 고행 끝에 결국 깨달은 것은 세상은 결코 행복한 곳이 아닌 고통의 바다苦海라는 사실이었다고 하지 않던가?

세상은 애당초 불완전하고 우리 역시 불완전한 존재이다. 그러니 그것을 그대로 보듬고 자신을 너무 닦달하지 말았으면 좋겠다. 게슈탈트 치료의 선구자였던 '프리츠 펄스Fritz Perls'는 다음과 같은 말을 남겼다.

미친 사람은 '나는 에이브러햄 링컨이다.'라고 말하고, 신경증 환자는 '나는 에이브러햄 링컨처럼 되고 싶다.'라고 말하며, 건강한 사람은 '나는 나고, 너는 너다.'라고 말한다.

죽는 날까지 한 점 부끄럼 없이 살고자 하는 사람은 잎새에 이는 바람에도 괴로워하다가 정신병자적 삶을 살 수밖에 없다. 자신의 약점이나 결함을 인정하고 보완하려는 노력은 할지언정, 완벽한 존재가 되려는 헛된 꿈은 애당초 꾸지도 말일이다.

36

여기에 서 있는 저를 도와주세요

　　21대 국회의원을 역임했던 전 감사원장 최재형 씨가 감사
원장 당시 국정감사를 받았다. 국회에 출석할 때 소아과 병
원을 운영하던 그의 동생 최재민 씨가 그에게 글을 보냈다.
월성원전 1호기 조기 폐쇄 타당성 감사를 둘러싸고 그를 감
사원장에 임명한 당시, 문재인 정부와 대립각을 세우며 논란
의 중심에 서 있었을 때였다.

Here I stand, help me, God
저 여기에 서 있습니다. 저를 도와주세요, 하나님

　　이 말이 언론에 주목받았던 이유는 무
엇이었을까? 또 그의 동생 최재민 씨는

어떤 의도를 갖고 이 글을 형에게 보냈을까?

 이 글의 의미와 가치는 가톨릭교회 역사 속에서 찾을 수 있다.

 1517년 10월 31일, 마르틴 루터는 당시 가톨릭교회의 신학적 오류에 따른 면죄부 남용과 반 성서적 행위에 분개하였다. 이에 학문적 토론과 지적 차원에서 비텐베르크성 교회 대문에 95개 조 반박문을 대자보 형태로 내걸었다. 가톨릭교회는 그의 95개 조 반박문이 가져올 엄청난 파장을 우려하여 그에게 그의 주장을 철회하도록 압박을 가했다. 만약 철회하지 않으면 화형에 처하겠다는 위협을 가하였다. 실제로 그 이전에 가톨릭교회의 부패를 폭로하며 비성경적인 행위들을 비판한 여러 사람을 불에 태워 죽인 일들이 있었다. 그러한 생명의 위협 앞에서 마르틴 루터는 자신의 주장을 철회하기를 거부하며, 이 유명한 말을 남겼다. 원래는 이렇다.

Here I stand. I can do no other. help me. God.
 저 여기에 서 있습니다. 저는 다른 것은 할 수 없습니다, 하나님, 저를 도와주세요.

다른 것이란 성경에 위배 되는 어떤 것들, 즉 하나님의 말씀과 다른 어떤 것을 의미했을 것이다.

목숨이 위태로울지라도 진실과 위배 되는 일은 결단코 하지 않겠다는 강한 의지가 바로 Here I stand, help me, God.으로 대변되는 것이다.

동생은 형에게 권력에 굴복하거나 영합하지 말고 진실의 편에 서서 당당하게 대처하라는 은근한 압박을 한 것이다, 마르틴 루터가 남긴 그 비장한 고백의 말을 통해서 말이다. 그 글을 접한 형은 동생과 어떤 감정들을 교환했을지 자못 궁금하다.

초등학교 때, 아버지는 새벽 6시면 나를 깨워 호롱불을 밝히고 공부하게 했다. 졸린 눈을 비비면서 억지로 공부하는 체했다. 6시 45분쯤이면 공부를 끝내고 드러누워 라디오에서 나오는 '일제 36년사'라는 다큐멘터리를 아버지와 함께 듣곤 했다. 이봉창 열사, 윤봉길 의사, 안중근 의사 등 나라의 독립과 주권을 위해 자기 목숨을 희생하고 숨져간 이야기들을 들었다. 나도 모르게 그들의 삶을 닮아야겠다고 다짐

했던 기억이 난다. 아마도 그 시절에 형성되었던 삶의 가치관이 1987년 6월 항쟁과 그 후 이어진 대통령 선거 투쟁에서 비겁한 위치가 아닌 시대적 정신에 부합할 수 있는 행동을 하도록 나를 이끌었던 것 같다. 나는 생과 사를 가를 정도로 중요한 선택의 갈림길에 설 때면, 그때 함께 누워 '일제 36년사'를 들었던 아버지께 묻곤 한다.

아버지, 아직 나와 함께 계신다면, 이럴 때 나에게 어떤 선택을 하도록 권하실 것인가요?

한 편으로 '한 번도 소신을 바꾸어 보지 않은 사람과는 상종도 하지 말라'는 말을 강조하셨던 아버지는 내가 마르틴 루터나 최재형 씨와 같은 처지에 놓여있다면, 어떤 선택을 하도록 조언해 주셨을까?

구르는 돌에는 이끼가 끼지 않는다

영어에 "A rolling stone gathers no moss."라는 속담이 있다. 구르는 돌에는 이끼가 끼지 않는다는 말이다.

이 속담을 여러분은 어떻게 이해하고 있을지 궁금하다. 아마도 대부분은 돌멩이가 멈추어 있으면 이끼가 끼어 지저분해지니 그러지 않도록 열심히 굴러다녀야 한다는 말로 이해할 것이다. 이끼를 부정적인 의미로 받아들였으리라 생각한다.

그러나 이 속담의 원래 뜻은 "함부로 굴러다니지 마라."는 것이다. 이끼moss가 부정적으로 사용되지 않고 긍정적 의미로 사용되고 있다. 한 곳에 진득하게 머물러야 비로소 돌멩이에 이끼가 끼는 이치를 설명한 것이다. 이끼는 어느 한 영역에 필요한 깊은 지식이나 전문적인 기술 혹은 지혜를 의미하는 단어로 사용이 되었다. 뭔가 의미 있고 가치 있는 일에는 엉덩이의 진득한 힘이 필요하다는 것을 강조하는 속담이다. 돋보기로 햇빛을 한데 모아야 종이에 불이 붙는 이치와 같다 하겠다. 그런데 아이러니하게도 우리나라에서는 원뜻과는 반대로 '이끼가 끼지 않도록 부지런히 굴러다녀야 한다'는 정반대의 의미로 쓰이고 있는 것 같다.

사실 나는 이 속담을 통해 다음과 같은 것을 강조하려고 한다. 무엇인가 중요한 일을 하기 위해서는 하지 않는 것이 선행되어야 한다는 것이다. 어쩌면 사소하거나 심지어 불필요한 잡다한 것들에 우리의 한정된 에너지를 산만하게 낭비해 버린다면 정작 중요한 일에 필요한 에너지와 시간이 고갈되어 삶을 그르치게 되는 것을 경계하기 위함이다. 더하기가 아닌 뺄셈을 적용하는 것이 삶의 지혜일 수 있다.

이러한 이유로 나는 "지나치게 바쁜 사람은 게으른 사람"이라는 깃발을 높이 들고 흔들고 있다.

자기 삶에서 더하기가 아닌 뺄셈의 법칙을 적용하여 일가를 이룬 사람으로 나는 아이작 뉴턴을 소개하고 싶다. 미분과 적분이라는 수학 공식을 발명한 분이며 우리에게 만유인력의 법칙으로 유명한 분이다. 아인쉬타인이 등장하기 이전에는 역대 최고의 과학자라는 위상을 만천하에 드날렸다.

뉴턴은 1666년에 23살의 나이로 캠브리지 대학의 학생이 된다. 마침 발생한 흑사병으로 인해 1년간 대학을 떠났다가 복학한 지 5년 만에 그의 스승이었던 아이작 배로Issac Barrow가 수학 교수 자리를 물러난다. 젊은 제자인 뉴턴에게 자기 자리를 물려주기 위해서였다고 한다. 지금 세상에서는 상상하기 힘든 아름다운 스토리다.

스승이 자기 자리를 양보할 정도로 과학과 수학에 뛰어난 천재였던 뉴턴마저도 자신의 시간과 에너지를 함부로 낭비하지 않고 얼마나 연구에 집중했는지를 알려주는 글이 있다. 뉴턴이 40대 중반이었을 때 그를 모셨던 하인이 뉴턴을 묘사한 글을 만났다. 함께 읽어 보자.

"저는 그분이 오락이나 기분 전환을 목적으로 바람을 쐬러 말을 타고 나간다던가, 산책을 한다던가, 아니면 볼링을 친다던가, 또는 이러저러한 운동 하나 하시는 걸 본 적이 없습니다. 그분은 연구에 쓰지 않은 시간은 모두 내다 버린 시간이라고 생각하셨기에 그렇게 사셨습니다. 그분이 오로지 연구에만 열심이셨기 때문에 방을 비우는 적이 거의 없었고, 있다면 오직 학기 중 강의할 때뿐이었습니다."

정말 소중한 뭔가를 하기 위해서는 잡다한 이러저러한 일을 하지 않겠다는 결단의 힘이 얼마나 중요한 것인가를 우리에게 알려주는 글이었을 것이라고 여러분도 동의할 것이라 믿는다.

이 사람 저 사람을 만나느라, 이일 저일 손대느라, 정작 중요한 곳에 집중되어야 할 시간을 낭비해버리는 우리가 깊이 본받아야 할 뉴턴의 마음 자세인 것 같다.

그렇지만, 멀티 태스킹multi-tasking 능력이 강조되는 이 시대에 이것은 터무니없이 고리타분한 생각이라고 치부하는 사람도 있을 것이다. 그런 사람들을 위해서 준비한 말이 있다. 모든 진실은 절반은 거짓이다. 말 그대로 부지런히 열심히 굴러다니는 것이 선일 수도 있다. 오직 맥락만이 의미를 결정하기 때문이다. 여기서 이끼를 긍정적인 의미로 사용할 것인지 부정적인 의미로 사용할 것인지는 여러분 스스로 결정하면 되는 것이다.

참, 행동화되지 않는 잡다한 공상도 자신을 무기력하게 만들어 게으름으로 이끄는 지나치게 바쁜 잡념일 뿐이다. 그러니 생각을 단순화하여 행동으로 옮기는 것도 중요한 일을 해내는 힘이다.

당신은 무엇을 보는가?

우리나라 삼국시대 역사를 엮은 책 중에《삼국유사》가 있다. 여기에 나오는 '온달 설화'에 다음과 같은 내용이 나온다.

평강공주는 어린 시절 툭하면 우는 울보였다. 아버지인 평원 왕은 딸이 울 때마다 웃으며 놀려주었다.

"넌 너무 울어서 탈이니 귀족의 내실정실부인은 못되겠다. 아무래도 바보 온달한테 시집을 보내야겠구나."

공주는 바보 온달 얘기만 들으면 울음을 뚝 그쳤다고 한다.

후에 평강공주가 결혼할 나이가 되자, 평원 왕은 공주를 상부上部 고씨高氏에게 시집을 보내려고 하였다. 그러나 평강공주는 예전에 평원 왕에게 들었던 농담을 들먹이며 온달에게 시집을 가겠다고 고집을 부렸다. 왕은 기가 막혀서 공주를 말렸지만, 오히려 공주는 도리어 아버지인 왕에게 목청을 높여 나무랐다.

"보통 사람도 거짓말을 하지 않으려 하는데, 대왕께서 거짓말을 하신다면 누가 왕명을 따르오리까."

결국, 바보 온달과 결혼한 평강공주는 바보라고 놀림을 받던 일자무식이었던 온달을 뛰어난 무장으로 성장시키는 데 성공한다.

그러면 여기서 질문해보자. 평강공주의 무엇이 바보 온달을 당당한 장군으로 거듭나도록 핵심적인 역할을 했다고 생각하는가?

다음 두 에피소드episode를 통해서 직접 추론해 보면 좋겠다.

Episode 1.

   한 어린이가 있었다. 그는 말을
너무 더듬었다. 그가 식당에서 참
치 샌드위치 한 개를 주문할 때마
다 종업원은 늘 참치 샌드위치 두
개를 만들어 주었다. 참치를 뜻하
는 '튜나tuna'를 그 어린이가 '튜~ 튜나 샌드위치, 플리이
즈'라고 말을 더듬어서 종업원은 '투 튜나two tuna'로 알아들
었기 때문이다.

   그때 그 어린이는 나중에 미국 GEGeneral Electric 컴퍼니에서
CEO1981~2001년로 일하며 당시 기업의 주식 시가총액 120
억 달러를 4,100억 달러로 3,400% 키워 GE의 성공 신화를
만들었다. 그는 바로 20세기 최고의 경영자로 손꼽히는 '잭
웰치Jack Welch. 1935.11 ~ 2020.3'다.

   말더듬이 잭이 세계 최고의 CEO로 성장하게 된 배경에는
무엇이 있었다고 생각하는가? 그 배경에 그의 어머니가 있
었다. 어머니는 잭이 말을 더듬을 때마다 반복해서 다음과
같은 얘기를 해 주었다.

"너는 너무 똑똑하기 때문에 그런 거야. 너처럼 똑똑한 아이의 머리를 네 혀가 따라오지 못해서 그런 거야."

잭의 어머니는 아들에게 자신의 단점말더듬이을 장점으로 여기도록 격려하고 또 격려해주었다.

Episode 2.

밀턴 H. 에릭슨은 네 살이 되도록 말을 하지 않았다. 그보다 두 살 어린 여동생도 말하기 시작한 터라 사람들은 그를 걱정했다. 그들은 네 살 먹은 아이가 아직 말을 못 한다고 이상하게 보았다. 그러나 에릭슨의 어머니는 대수롭지 않다는 듯 말했다.

"우리 아들도 때가 되면 말을 할 겁니다."

밀턴 에릭슨은 프로이트, 융을 잇는 정신의학계의 숨겨진 거장이었다. 최면을 신비의 영역에서 과학의 영역으로 옮겨온 최면 치료법 선구자다. 두 번의 소아마비를 앓았지만, 자기최면과 무의식의 힘으로 그것을 이겨낸 인간 승리의 표본적인 삶을 살았다.

그렇지만 그는 네 살이 되도록 말을 못 하고 몸도 건강하지 못했던 아이였다. 성인이 되어 그는 당대 최고의 정신과 의사이면서 심리 치료사였고, 또한 탁월한 최면술사로 성장했다. 이렇게 성장한 핵심 배경에는 무엇이 있었을까? 아마도 '우리 아들도 때가 되면 말을 할 겁니다.'라는 어머니의 확신에 찬 한 마디가 크게 오래도록 자리 잡고 있지 않았을까?

두 에피소드는 얼핏 결점으로 인식될 수 있는 자녀들의 특정 상태를 오히려 장점으로 승화시킨 사례다. 두 어머니의 자녀에 대한 긍정적 인식이 아름다운 결실을 거둔 것이다. 내가 상대를 어떻게 바라보는가, 즉 어떻게 인식하는가에 따라 상대가 그에 호응한다는 것을 강조하기 위한 사례다.

나는 르네 마그리트Rene Magritte라는 화가가 그린 [투시]라는 그림을 만나고 정말 신선한 충격을 받았다. 제시된 그림에서 확인할 수 있듯이 그림 속의 화가는 새알을 보고서 새를 그리고 있다. 이 그림은

르네 마그네트, 투시(1936년작)
출처: 수지 개블릭, 르네 마그리트,
시공아트, 200 참조

'보이는 것이 다가 아니다' 라는 코칭 철학을 온전히 보여 주고 있다. 코치는 내담자에게 내재 되어있는 자원을 볼 수 있어야 한다. 위 두 사례에서는 양육자는 피 양육자의 내적 자원과 가능성을 읽어내고서 그것을 활짝 꽃피우도록 도와준 훌륭한 양육의 사례라고 할 것이다.

이제 다시 살펴보자. 평강공주가 바보 온달을 장군으로 탈바꿈시킨 비결은 무엇이라고 생각하는가?

가르치지 않고 가르치기

Episode 1.

'소나 존자'라는 분이 있었다. 그는 부처님에게서 계를 받고 제자가 되었다. 그는 부처님께 명상 주제를 받은 후 깨우침을 얻기 위해 수도원으로 가서 아주 열심히 수행하였다.

그러나 너무 강한 노력으로 경행經行: 걸으면서 하는 수행 - 행선을 하였기에 발에서 고통스러운 종기가 생겨났다. 그래도 눕거나 자지도 않았다. 그러다 더는 걸을 수 없게 되자 손과 무릎으로 기어 다니며 피로 얼룩이 질 정도로 열심히 노력했다. 그렇게 열심히 수행했는데도 불구하고 얻음이 전혀 없게 되자, 그는 절망하게 되었다. 부처님께서 이 소식을 듣고 그를 방문했다. 부처님께서는 그가 속세에 있을 때 비파 연주가였다는 것을 알았기 때문에, 다음과 같이 질문을 하였다.

부처님 : "아름다운 비파 소리를 내기 위해서 너는 비파 줄을 어떻게 조율하느냐?"
소나 존자 : "비파 줄이 너무 팽팽하거나 너무 느슨하지 않도록 균형을 맞춥니다."

그러자 부처님이 이렇게 말씀하셨다.
"수행도 그리하단다."

Episode 1에서 '수행도 그리하단다.'라는 말을 통해 부처님은 무엇을 전달하고자 했을까? 아마도 부처님께서는 너무 많은 힘과 노력은 혼란을 일으키고, 너무 작은 힘과 노력은 게으름을 불러온다는 것을 비파줄 조율 방식을 통해 스스로 깨닫게 하려 하지 않았을까 싶다. 그런데 부처님께서는 왜 처음부터 자기 생각을 직접 표현하거나 지시하는 것을 대신하여 질문을 던지기만 했을까?

Episode 2.

　우리에게 '겨자씨 이야기'로 알려진 다음과 같은 일화가
있다.

　어떤 여인이 어린 아들을 잃고 거의 실성한 상태로 울부짖
었다. 그녀는 갑작스러운 아이의 죽음을 받아들일 수 없었
다. 여인은 부처님을 찾아와 절규하면서 아들을 살려달라고
애원하였다. 그때 부처님께서는 그녀에게 마을에 가서 겨자
씨 한 움큼을 얻어 오라고 말씀하셨다. 그러면 아이를 살려
주겠다고. 그러면서 다음 말을 덧붙였다.

　'단, 아무도 죽어 나간 적이 없는 집이어야 한다.' 여인은
아들을 살릴 수 있다는 희망에 정말 간절하게 집집마다 찾
아가서 물었다.

　"혹시 이 집에서는 아무도 죽어 나간 적이 한 번도 없었는
지요?"

　며칠을 그렇게 돌아다녔다. 그러나 그런 집은 없었
다. 죽음은 어느 집에나 있었다. 그때야 여인은 정말 평범하

면서도 중요한 사실을 깨달았다.

　Episode 2를 다시 살펴보자. 수없이 많은 집을 찾아다니며 사람이 죽어 나간 적이 없는 집이 없다는 것을 알게 된 그 여인은 결국 어떤 통찰을 얻게 되었을까? 아마도, '태어난 자는 죽게 마련이다. 이게 자연의 법칙이다. 나이가 젊었든 늙었든, 지식이 있든 무지하든 모두가 죽음을 맞이한다는 것'이 아니었을까? 결국, 그 여인은 거역할 수 없는 자연의 섭리攝理를 깨닫고서 아들의 죽음을 받아들이고, 부처님의 제자가 되었다고 한다. 만일 부처님이 울부짖는 여인에게 "사람은 모두 죽는다. 늙어서 죽든 어려서 죽든, 언제 죽느냐의 차이만 있을 뿐 언젠가는 죽게 마련인데, 뭘 그리 슬퍼하고 절망하느냐? 그냥 받아들이는 것이 지혜로운 자의 처신이니라."라고 말했더라면, 그 여인은 어떤 반응을 보였을 것으로 생각하는가?

　훌륭한 가르침은 직접 알려 주거나 지시하지 않는다. 대신에 훌륭한 질문을 하거나 적절한 비유나 우화를 제시한다. 그렇게 하여 스스로 깨우침을 얻도록 도와주는 것이라는 것이 코칭 철학의 핵심이다. 그래서 코칭 받는 사람이 자신이 코칭을 받았다는 생각도 들지 않도록 하는 것이 최상의 코칭이라고 강조하기도 한다. 가르치지 말고 가르치기 위해서는 종종 침묵도 필요하다.

복숭아 두 개로 세 용사를 죽이려면?

중국의 역사책 ≪사기≫를 저술한 사마천이 "만약 그가 살아있다면 기꺼이 그의 마부가 되겠다."라며 극찬한 인물이 있다. 그는 '안영晏嬰, ?~기원전 500년'이라는 사람이다. 그는 중국 춘추시대 제나라齊 사람으로 영공靈公, 장공莊公, 경공景公 3대에 걸쳐 군주를 섬긴 명재상으로서 검소하고 청렴한 성격으로 군주에게 기탄없이 간언한 것으로 유명했던 인물이다.

양두구육羊頭狗肉이라는 유명한 고사도 이분에게서 유래했다고 알려져 있다. 왕이 명령한 정책이 제대로 시행되지 않는 이유를 묻자 바로 양두구육羊頭狗肉이라는 비유를 써서 왕의 심기를 거슬리지 않고 간언諫言을 올려 왕이 정치를 잘

하도록 도와준 명신이요 충신이다.

그가 노골적인 직언이나 조언 대신에 우화나 비유를 동원하고 그것을 이용한 질문을 통해 왕의 현명한 선택을 유도하고, 여러 가지 문제들을 해결한 것의 하나로 유명한 이도 살삼사二桃殺三士라는 고사가 전해진다. 풀이하자면 복숭아 두 개로 세 명의 용사를 죽게 만들었다는 내용이다. 안영이 얼마나 지략이 뛰어났었는지 혹은 교활했는지 그 자세한 내용을 알아보도록 하겠다.

그 당시 그가 모시던 제나라 경공에게는 고야자古冶子, 전개강田開彊, 공손첩公孫捷 등 용맹이 뛰어난 삼걸三傑이 있었다. 제 경공은 이들을 오승지빈五乘之賓으로 대우했다. 오승지빈이란 병차를 5대까지 거느릴 수 있는 특혜를 가진 귀족들이다. 보통은 1대를 거느릴 수 있었다.

공손첩은 주공을 향해 달려드는 호랑이를 맨손으로 때려잡은 적이 있었다. 전개강은 서 나라와의 전쟁에서 적장을 죽이고 포로를 500명이나 잡는 큰 공훈을 세운 바 있었다. 고야자는 황하를 건널 때 말을 물어간 큰 자라를 물에 뛰어들어 목을 베고 말을 구해온 무용담으로 유명했다. 제 경공은 이들을 총애했다. 이들은 서로 간에 결의형제를 맺을 만큼 친했고, 또한 양구거와 진무우라는 총신과도 친했다. 양구거는 주공의 비위를 잘 맞추었고 진무우는 사재社財를 털어 가난한 사람들을 많이 도와주었기 때문에 세간에 평판이 매우 좋았다.

안영은 이들이 서로 친한 것을 걱정했다. 이들은 용맹하고 세상의 평판도 좋다. 안영은 사직社稷의 안전을 걱정하지 않을 수 없었다. 만일 이것을 걱정하는 직간을 올렸는데, 이들을 총애하는 주공이 안영의 손을 들어주지 않는다면, 오히려 이들에게서 큰 원한을 살 것이 틀림없었다. 그래서 안영은 이들이 가진 성격적인 우직함과 명예욕 그리고 성급함을 이용하여 뒤탈 없이 이들을 제거할 방법을 기획하였다.

어느 날 노나라의 소공昭公이 제나라를 방문했다. 그러자 그를 환영하는 잔치가 벌어졌다. 안영은 맛이 뛰어나고 귀한 황금 복숭아를 6개만 따가지고 와서 노 소공과 제 경공에게 바쳤다. 두 주공은 복숭아의 오묘한 맛에 감탄하였다. 제 경공은 노 소공을 수행한 신하에게 먼 길을 온 것을 치하하며 복숭아를 하나 내렸다. 노나라 신하는 천하의 명신 안영을 제치고 복숭아를 먹을 수 없다고 겸양을 보인다. 이에 제 경공은 복숭아를 안영에게 내린다. 이제 복숭아는 두 개만 남았다.

안영은 제 경공에게 천하제일의 무사에게 나머지 복숭아 두 개를 내리라고 아뢴다. 제 경공은 안영에게 세상에서 제일 뛰어난 용맹을 가진 용사를 가려내라고 했다. 안영은 용맹한 무사는 나서서 스스로 자신의 용맹을 이야기하라고 한다. 이에 공손첩이 나서서 호랑이를 맨손으로 때려잡은 이야기를 하고 복숭아를 먹었다. 곧이어 전개강이 나서서 자신의 무용을 뽐내고 나머지 복숭아를 받았다. 이제 복숭아는 없다. 이 순간 고야자는 무척 화가 났다. 자신도 용맹이 둘째가 라면 서러운데 자기가 받을 복숭아는 없는 것이다. 여기서 복숭아는 보통 복숭아가 아니다. 복숭아는 용맹을 공인받는 상징이다. 고야자는 치욕감에 사로잡혔다. 그리고 흥분하여 항변했다. 복숭아를 받아먹은 두 사람이 괘씸하고 가증스럽기 짝이 없었다. 또한, 심한 굴욕감에 휩싸였다.

그제야 비로소 복숭아를 먼저 받아 챙긴 공손첩과 전개강은 부끄러움과 자책감을 느꼈다. 결과적으로 자신들의 용맹을 뽐내고 싶어 고야자를 모욕한 셈이었기 때문이다. 공손첩은 칼을 뽑아 자결했다. 바로 전개강도 따라 자결했다. 이것을 본 고야자는 남을 부끄럽게 만들어 나의 이름을 높이고자 한 것은 불의이고 혼자 살아남는 것은 불인不仁이라 외치고, 역시 자결하였다. 제 경공은 삼걸三傑이 일시에 죽어버린 것을 매우 애석해했다. 노 소공은 제 경공을 위로하지만, 안영은 "그저 용맹만 있었을 뿐이고 약간의 공이 있긴 하지만, 화제에 올릴 것은 못 됩니다."하며 태연히 말했다.

일개 무부武夫의 한계는 여기까지다. 공손첩은 복숭아 두 개에 담겨 있는 안영의 꾀를 읽지 못한다. 성질 급한 공손첩은 "내 공로를 인정받지 못하다니 억울하다."라며 검을 빼들어 자살한다. 나머지 두 용사도 역시 "복숭아에 눈이 어두웠다."라고 자책하며 자결하고 만다.

이것이 바로 두 개의 복숭아로 세 명의 용사를 죽였다는 내용의 '이도살삼사二桃殺三士'의 고사다.

안영은 경공에게 이 무사들이 장차 나라의 우환이 될 수 있으니 죽여야 한다고 직접 간언하지 않는다. 다만 그들 스스로 자멸하게 만들어서 경공이 나라의 용사를 잃은 책임을 묻거나 원망할 수 없게 만든다. 다른 사람의 칼을 빌려 상대를 죽인다는 차도살인借刀殺人이라는 고사도 이와 비슷한 경우라 할 수 있다. 성서에서는 다윗이 부하의 아내밧세바와 간통하여 임신시킨 후 그것을 덮어 감추기 위해 그 부하를 사지에 내몰아서 전사하게 만드는 이야기가 나온다. 적의 손을 빌려서 아군을 해코지하는 경우다. 우리에게 다윗과 골리앗으로 유명한 다윗왕의 그림자에 해당하는 내용으로 오늘날 일부 사람들에게 비난받는 오점을 남겼다.

사마귀가 수레에 맞서 피하지 않고 노골적으로 대든다는 당랑거철螳螂車轍이라는 고사성어가 전하는 우직한 만용보다는 이도살삼사二桃殺三士의 지혜가 삶을 부드럽게 만든다.

네가 지은 세 가지 죄

앞 장에서 소개한 안영晏子은 내정, 외교 수완이 뛰어나서 그의 출중한 정치력에 힘입어 제나라는 춘추오패春秋五霸의 필두였던 제 환공 시대 다음가는 제2의 전성기를 맞이하였다고 역사는 말한다, 그 당시 공자도 제나라에 임관하고자 하였으나, 안영의 반대로 이루어지지 못했다고 한다. 그런데도 공자가 그를 우러러볼 정도의 인물이다. 안영안자 또한 비록 공자를 제나라의 재상으로 등용하는 것을 반대하였지만 공자를 현인 중의 현인으로 존경하였다. 여기 안영의 지혜를 적나라하게 보여 주는 또 다른 고사를 함께 읽어 보자.

제나라 경공은 새 사냥을 좋아했는데 '촉추' 라는 사람에게 자신이 잡은 새들을 관리하는 임무를 맡겼다. 그런데 촉추가 실수해서 그 새들이 모두 도망가고 말았다. 화가 난 경공은 촉추를 죽이라고 명했는데, 이를 본 안영은 경공에게 다음과 같이 말한다. "촉추에게는 세 개의 죄목이 있습니다. 제가 촉추의 죄 세 개를 지적한 다음 죽여도 늦지 않으니 허락해 주십시오." 그러자 경공은 그렇게 하도록 허락했다.

그러자 안영은 촉추에게 말했다. "너는 세 가지의 죄를 지었다. 첫 번째는 관리를 소홀히 하여 새들을 놓친 죄, 두 번째 죄는 임금이 새로 인해 사람을 죽이게 만든 것이요, 또 이 일로 다른 나라 임금들이 제나라 군주는 사람보다 새를 중히 여긴다고 생각하게 될 것이 세 번째 죄다." 이런 연후에 안영은 촉추를 죽이라고 경공에게 청했다. 그러나 이 말을 들은 경공은 자신의 어리석음을 깨닫고 부끄러운 마음으로 촉추를 풀어주었다고 한다.

안영은 직접적인 표현으로 상대를 설득하려 하기보다는 적절한 비유를 들어 상대가 스스로 자기 자신의 행동을 깨닫게 했다. 그런 연유로 권력자의 비위를 맞추느라 아부하지 않고도 모시고 있는 군주가 현명한 정치를 하도록 이끌었다.

내가 강조하는 티칭teaching 말고 코칭coaching하라는 말은 바로 안영과 같이 적절한 질문이나 비유와 우화를 사용하여 문제에 대해 스스로 해결책을 찾아내도록 돕는 코칭 정신을 강조하는 말이다.

하늘이 무슨 말을 하더냐?

《논어》를 보면, 주로 제자들이 묻고 공자가 답을 하는 내용으로 일관한다. 공자는 제자들이 스스로 깨치도록 질문을 자주 던지는 분이 아니었다. 그러나 공자도 훌륭한 코치였다는 것을 시사해 주는 일화가 있다.

'위편삼절韋編三絶'이라는 고사성어는 가죽끈이 세 번 끊어질 만큼 주역 공부에 열정을 보인 공자로부터 비롯된 말이다. 그 공자께서 《주역》의 참고서에 해당하는 책으로 알려진 《계사전繫辭傳》을 비롯한 십익十翼을 쓰시고서 이렇게 말씀하셨다고 한다.

"앞으로 나는 말이 없고자 하노라."

깜짝 놀란 제자들을 대표하여 '자공'이 물었다. "말씀을 아니 하신다면 저희는 어떻게 배우겠습니까?"

그러자 공자는 이렇게 대답하였다.

"하늘이 무슨 말을 하더냐?"

공자는 제자 자공이 하는 질문에 직접적인 대답을 하는 대신 "하늘이 무슨 말을 하느냐?"고 되묻는다. 이 질문을 접하고서 제자들은 스승이 어떤 말을 자신들에게 전하고자 했는지 스스로 추론할 수밖에 없었을 것이다. 물론 제자들은 각각의 수준에 따라 자신들만의 답을 찾았을 것이다. 나도 공자와 자공의 문답을 접하면서 공자는 우리에게 어떤 것을 말씀하시려 했을지를 자문하다가, 부처님이 열반에 들기 전에, 그를 모시던 제자인 '아난다'와 나눈 대화가 생각났다.

아난다가 묻는다.

"행여 스승께서 저희 곁을 떠나시면 저희는 누구의 말씀을 따르고, 의지해야 합니까?"

부처님께서 말씀하셨다.

"아난다야. 그 누구에게도 의지하지 말아라. 내가 이 세상을 떠나면 더는 나에게 의지할 수도 없으니, 너희는 오직 자신의 등불을 밝히고, 법진리의 등불을 밝혀라." - 자등명自燈明, 법등명法燈明 -

공자는 제자들에게 바로 부처님이 말씀하신 '자등명, 법등명'의 정신을 가지고 하늘의 이치를 연구하여 '스스로 진리를 깨달아라.'라는 가르침을 질문을 통해 전달했던 것 같다.

공자께서 직접 답을 주신 것과 제자들이 스스로 고민하는 과정을 통해 앎을 얻도록 질문하는 것 사이에서 어느 것이 더 제자들을 성장으로 이끌 수 있다고 생각하는가?

43

거짓말에도 종종 꽃이 핀다

≪이솝우화≫에 까마귀와 여우라는 이야기가 나온다.

　까마귀가 물고 있는 고기 조각이 탐이 난 여우가 그 고기를 빼앗으려는 술책을 썼다. 까마귀의 몸매가 우아하고 위엄이 넘쳐난다고 말했다. 깃털은 윤기가 자르르 도니 참 아름답다고 말하면서, 숲속의 왕이 될 만하다며 까마귀를 칭찬하였다. 그리고 목소리까지 좋으면 확실하게 숲속의 왕이 될 수 있다고 하면서, 까마귀가 우쭐대도록 부추겼다. 그러자 자신의 목소리가 이상 없다는 것을 증명하려고 까마귀가 소리를 내기 위해 입을 벌렸다. 고기 조각이 땅에 떨어져 버리고 만다. 얼른 달려가 냉큼 먹이를 주워 챈 여우는 까마귀를 향해 일침을 날렸다.

"아~, 까마귀여, 만일 거기에 판단력만 더 갖추었다면, 너는 새들의 왕으로서 부족함이 없을 텐데."

패러독스 《이솝우화》는 결말이 다르다.

거기에는 여우가 먹이를 잽싸게 주워들고 숲속으로 들어가 맛있게 먹는다. 그러나 원본의 마지막에 조롱하는 말이 없다. 계속 이어지는 내용을 보자.

까마귀가 자신의 목소리를 듣고 싶은 여우의 성의에 맞게 손님 대접을 못 했다고 생각하고, 다음번에는 음식을 정성껏 준비하고서 여우를 찾아가서 초대한다. 여우는 맛있는 음식을 먹으면서, 까마귀의 형편없는 노래를 감상한다. 그리고 노래 실력이 대단하다고 말해준다. 조금만 더 다듬으면 월등해질 거라는 말도 덧붙인다.

기분이 좋아진 까마귀는 일주일에 한 번씩 성찬을 마련하고, 여우를 초대해서 노래 실력을 뽐낸다. 그때마다 여우는 배부르게 음식을 대접받으면서, 까마귀의 노래 실력을 한껏 칭찬해 준다.

어느덧 이런 노래 공연이 6개월 이상 지속되었다. 진짜로 까마귀의 목소리가 좋아지고 노래 실력이 월등해졌다. 여느 가수보다도 뛰어난 가창력을 갖게 된 것이다.

여우가 공짜 음식을 대접 받기 위해 한 반복적인 거짓 칭찬이 까마귀를 진짜로 뛰어난 가수로 만든 것이다. 물론 까마귀도 여우의 거짓된 칭찬을 의심하지 않고 진실한 평가로 받아들여서 열정으로 자신의 노래 실력을 가다듬은 결과다.

여우의 거짓 평가에도 불구하고 그것을 진심으로 믿고 자기계발에 힘쓴 까마귀의 노력이 기적 아닌 기적을 만들어 낸 것이다.

이 버전에서는 거짓말을 잘하는 사람이 누이 좋고 매부 좋은 세상을 만들 수 있다는 것을 알 수 있다. 또한 "믿음대로 되리라."라는 성경 구절이 현실에서 사실로 드러날 수 있다는 것이다.

이솝의 원래 버전에서는 자기 능력과 처지를 모른 체 누군가 칭찬한다고 부화뇌동하는 어리석음을 경계하고, 그 칭찬 뒤에 감추어진 검은 속셈을 살피는 것이 지혜로운 자의 처신임을 강조하기 위함이었을 것이다.

내가 이 글을 통해 주목하는 것은 두 가지다.

첫째, 우화에서 여우처럼 극단적인 말을 내뱉으면 처음에는 속이 시원하겠지만. 관계는 되돌리기 힘들어진다는 것이다. 소인들은 극단적인 말을 통해 일시적인 속 시원함이라는 자극을 즐기지만, 궁극적으로는 인생의 꼬임을 경험하기 마련이다. 결국, 나는 "극단적인 말을 아끼라."라는 것을 강조하고 싶다. 그 근거는 이렇다.

세월이 흘러 이솝의 후손은 여우와 까마귀의 후속편을 썼다. 까마귀는 여우에게 속아서 고기 조각을 빼앗긴 것도 억울한데, 여우가 자기를 조롱까지 하게 되자, 분한 마음을 억누를 길이 없었다. 평생을 두고 그날의 원한을 갚아 주기로 굳은 결심을 했다. 어느 날 여우가 결혼하여 새끼를 낳았다. 여우는 그 새끼를 애지중지 키우기 시작 했다. 호시탐탐 복수의 기회를 노리던 까마귀는 부모가 없는 틈을 타서 새끼 여우의 두 눈을 날카로운 부리로 쪼아서 눈이 멀도록 만들어 버렸다. 결국, 어미 여우는 사냥 능력을 상실한 눈이 먼 새끼를 먹여 살리느라 평생을 처절하게 살았다. 극단적인 말은 내뱉을 때는 시원할지 모르지만, 그것으로 인한 대가는 영원을 두고 치러야 할지 모를 일이다.

이 버전을 어떻게 생각하는가?

둘째, '거짓말을 못 하는 사람은 세상을 밝게 만드는데, 걸림돌이 될 수도 있는 사람이다.'

내가 이 책에서 말하는 모든 내용은 '모든 진실의 절반은 거짓이다 Every truth is half false' 라는 명제를 기반으로 하고 있다. 이 말을 참작하고 글을 소화해 주기를 부탁한다.

다른 사람을 거지로 만든다고?

나의 졸저 ≪당신을 위한 의자 하나≫에 실린 글 중에 눈 있는 사람의 시선을 끈 episode 한 편이 있다. 다시 생명의 혼을 불어넣고 싶어 함께 읽어 본다.

가을이 되면 아버지는 새벽 일찍 나를 데리고 근처 야산에 올라가시곤 했다. 밤夜사이 떨어진 밤栗을 줍기 위해서다. 눈에 보이는 알밤을 줍고 또 풀숲에 감추어진 밤을 하나라도 더 찾기 위해 눈에 불을 켜고 있는 나를 아버지는 애써서 말리곤 하셨다. 우리가 전부 다 주워 가면 늦게 오는 사람은 주워 갈 것이 없으니, 대충 눈에 띄는 것만 주워 가자고 나를 설득하셨다. 그러자 나는 항의성 있는 목소리로 물었다.

"우리가 많이 주워 가서 다른 사람들에게 나누어 주면 되지 않을까요?"

아버지의 대답이 걸작이다.
"그건 다른 사람들을 거지로 만드는 것이란다."

당시 초등학생이었던 나는 그 말씀의 깊은 의미를 알 수 없었기에 불만을 삭이며, 아버지 손에 이끌려 산에서 내려올 수밖에 없었다.

젊어서 가난하게 태어나 일제 강점기에 일본으로 건너가서 이를 악물고 노동으로 돈을 벌었다는 아버지. 해방된 조국에 귀국하여 자신의 포부를 펼쳐 보겠다는 마음으로 들뜨고 신바람이 나셨다. 그러나 부푼 마음도 잠시, 그동안 저축한 돈을 은행에서 찾아 나오는 도중, 소매치기에게 전액을 강탈당해 원망과 분노와 절망감을 이기느라 망연자실 길바닥에 주저앉아 한나절을 울며불며 통탄했다는 아버지. 세상에 대한 적개심과 피해 의식으로 점철된 삶을 살아야 마땅했던 그분은 도대체 내게 무엇을 일깨워주고 싶었을까?

남편이 대기업에 간부로 근무하며 생활 형편이 나쁘지 않은 어느 분이 네트워크 마케팅, 소위 다단계 사업에 몰두하며 생활을 올인All In하고 있었다. 충분히 먹고 살 수 있는 경제적 여유가 있는데도 불구하고, 아직도 더 많은 돈을 벌려고 그렇게 애를 쓰는 이유가 무엇이냐고 물었다. 그러자 그분으로부터 이런 답변이 돌아왔다.

"돈을 많이 벌어서 봉사하고 베풀며 살기 위한 것입니다."

이 대답을 들으면서 나는 한 인물이 떠올랐다. 1970년대 개인 소득 전국 2위까지 오르며 자신이 운영하던 흥국탄광이란 기업이 전국 10위 안에 들 정도로 경제적으로 성공한 인물이었던 채현국이란 분이다. 그분은 잘나가던 사업을 갑자기 접고 재산을 주변에 나눠주며 경남 양산의 한 고등학교에 무급 이사장으로 살다 가신 분이다. 어떤 기자가 그분에게 물었다.
　기자 : "어떻게 그런 엄청난 결단을 내릴 수 있었습니까?"
　채현국 : "돈이 자꾸 생기니까 미쳐가더라. 난 살기 위해서 도망간 거다."

선생은 소즉득 다즉혹少卽得 多卽惑, 욕망이나 소유가 적으면 얻게 되고, 많으면 오히려 미혹되게 된다는 도덕경에서 노자가 전하는 삶의 이치를 이때 이미 깨닫고 실천하려 했던 것일까?

자본주의資本主義, 자본이 임금이고 정의가 되는 사회에서 자발적으로 거부의 길을 포기한 채현국 선생이나, 젊음을 희생하고 번 돈을 몽땅 강탈당하고서 평생을 가난하게 살면서도 누군가를 거지로 만들지 않겠다며 탐욕의 크기를 스스로 줄이신 아버지.

나는 이들에게서 바보를 본다.

다다익선多多益善, 열심히 일해서 많이 모으는 것이 그 자체로 '선善' 처럼 인식되는 세상에 우리는 살고 있다. 그래서 주식과 부동산, 다단계, 기타 여러 가지 투기로 돈 많이 번 것이 자랑이고 자부심이다. 심지어는 보이스 피싱과 같은 금융 사기가 판치는 세상이 되었다. 부자 숭배 사회.

바보 아버지는 나에게 이런 말을 하고 싶었을까?

"나의 부귀와 성공이 타자의 희생과 아픔을 토대로 이루어진 것이라면 무얼 그리 자랑할 것이 있겠는가?"

이 말에 위안 삼아, 51세에 결행한 자발적 은퇴로 인해 촉발된 나의 가난한 삶을 [자발적 가난]이라고 화장化粧해 본다.

45

가로등 아래서 반지를 찾고 있는가?

어디선가 읽었던 우화가 생각난다. 가로등 불빛 아래서 잃어버린 반지를 찾고 있는 어떤 여성에 관한 이야기다.

어떤 여성이 오랫동안 가로등 불빛 아래에서 뭔가를 열심히 찾고 있었다. 지나가던 행인이 궁금해서 물었다.

"무엇을 그리 열심히 찾고 있습니까?"
"네 잃어버린 반지를 찾고 있습니다."
"아, 그런가요. 그런데 반지는 어디서 잃어버렸나요?"
"네, 아마 저기 후미진 곳에서 잃어버린 것 같습니다."
"그러시군요. 그렇다면 왜 잃어버린 그곳에서 반지를 찾지 않고 여기서 헛되이 시간을 낭비하고 계시나요?"

"아, 그곳은 너무 어둡고 후미져서 찾기가 힘듭니다. 그래서 불이 환한 이곳에서 열심히 찾고 있답니다."

과연 이 여성은 잃어버린 반지를 찾을 수 있을까? 정말로 반지를 찾고 싶다면, 이 여성이 가장 우선해서 해야 할 일은 무엇이라고 생각하는가? 그렇다, 바로 어둡고 후미진 그곳으로 가야 한다. 불빛이 없고 어두컴컴한 곳에서 잃어버린 무엇인가를 찾는다는 것은 물론 쉬운 일은 아니다. 그렇지만 뜻만 있다면 방법은 많다.

중국 속담에 "땅에서 넘어진 자, 땅 짚고 일어나라."라는 말이 있다. 돈이 없어서 경제적으로 힘든 생활을 하면서도 돈을 벌기 위한 노력을 하지 않고서 주식투자에 매달리거나 로또 복권이나 사면서 운에 맡겨서 자신의 문제를 해결하려고 한다면, 이 사람은 과연 경제적 빈곤에서 해방될 수 있을까? 정신적 고통에 시달리는 사람이 그 원인을 찾아 자신의 문제를 해결하기 위한 노력은 등한시한 체 방안에만 틀어박혀 있거나 알코올이나 흡연 혹은 마약 등에 의지하고서 '어찌 되겠지' 하는 생각에 기대어 살아간다면, 이 사람도 가로등 불 밑에서 반지를 찾으려는 사람과 다를 바가 없다.

수많은 부모가 자녀 문제로 상담하러 온다. 인터넷이나 스마트폰 중독, 무기력증, 비행, 세상 사람들과 소통 거부 등 숱한 문제를 가진 자녀들을 치유해달라고 부탁한다. 그러면 나는 부모들에게 묻는다. "이 아이들이 이런 상태에 처한 근본 원인이 무엇이라고 생각하십니까?"그러면 부모들은 자신이 아이를 잘못 키운 것이 원인일 것이라는 것을 인정한다. 그러면 한 번 더 묻는다. "그러면 원인을 치료해야 할까요, 아니면 그로 인한 결과를 치료해야 할까요?"그러면 또 부모들은 자신이 먼저 치료받아야 함을 인정한다. 그러나 그들은 이런 말을 덧붙이곤 한다. "저는 바빠서 치료받을 시간이 없으니, 우리 아이만 치료해 주시면 좋겠습니다."

이분들이 바로 어둡고 후미진 곳에서 반지를 잃어버리고서 불이 환히 비추는 가로등 아래서 그 반지를 찾으려는 사람들이 아니고 누구란 말인가?

고려 시대, 보조국사 지눌 스님께서도 위 속담을 인용하며 이런 말을 남겼다.

" '땅에서 넘어진 자, 반드시 땅 짚고 일어나야 한다.' 고 하였다. 그러므로 땅을 떠나 일어난다는 것은 있을 수 없다."

숟가락이 국 맛을 알까?

어리석은 사람은 한평생 다하도록
어진 사람을 가까이 섬기어도
참다운 진리를 알지 못한다.
숟가락이 국 맛을 모르듯이.

지혜로운 사람은 잠깐만이라도
어진 사람을 가까이 섬기면
곧 참된 진리를 바로 안다.
마치 혀가 국 맛을 알듯이.

법구경法句經 나오는 말이다. '숟가락이 국 맛을 모르듯이'
라는 비유에 마음이 끌렸다.

문득, 내가 어느 경우에는 '숟가락에 불과한 사람일 수 있겠구나' 하는 생각을 하게 되었다. 우선 고전 음악에 대해 나는 사실 그것을 이해할 수 있는 귀가 없다. 그러니 베토벤이나 모차르트 음악을 들어도 듣는 척하지만 별다른 감흥이 없이 언제 끝나나 하는 마음으로 듣는 경우가 많다는 것을 고백하지 않을 수 없다. 아마 오페라나 발레 같은 무용 등을 보면서도 같은 상황에 놓이게 될 것 같다. 미술 작품을 보는 눈이 내게 있는지 의구심을 가질 때도 많다. 솔직히 말하면 심오한 철학 이론에도 나는 숟가락에 불과한 부분이 많다는 것을 인정하지 않을 수 없다.

나는 양자 역학이나 상대성 이론, 초끈이론과 같은 과학적인 이론과 원리의 복잡성을 이해하기에 지식이 턱없이 부족하기에, 이 영역에도 나는 숟가락에 불과하다. 다만 자기계발을 공부할 때 등장하는 '이중 슬릿' 실험이 무엇인가를 이해하기 위해 양자물리학 공부에 몇 년을 소비한 적이 있다. 그 결과 광자나 전자와 같은 미세한 물질이 입자와 파동입자 파동 이중성을 동시에 가지고 있다는 정도를 깨쳤다. 숟가락 끝이 약간 혀의 성분으로 변하려는 단계라고 해도 무방할지 모르겠다.

238

나는 이 외에도 수없이 많은 영역에서 숟가락에 불과한 경우가 많다. 그런 데도 불구하고 나는 종종 내가 숟가락인 영역에서 마치 혀인 것처럼 오만을 떨거나 허세를 부리기도 한다. 사람들과 불편한 상황을 만들거나 논쟁을 벌여서 원수처럼 만들기도 했다.

그래서 이제 다음과 같이 결심한다. 내가 모든 면에서 혀가 될 수는 없을 것이다. 중요한 것은 여러 가지 영역 대부분에서 나는 단지 숟가락에 불과하다는 것을 인정하고 받아들일 것이다. 그러고서 내가 어떤 영역에서 혀가 되기를 원하는지 파악해서 다음과 같이 노력할 것이다.

1. 내가 무지하다는 것을 기꺼이 인정한다.
2. 내가 혀가 되길 원하는 영역은 집중적으로 공부한다.
3. 겸손한 자세로 지혜로운 자를 찾아 질문하고 배운다.
4. 배운 바를 이해할 때까지 곱씹는다.
5. 삶 속에서 실천하고 앎을 전파한다.

'너 자신을 알라' 라는 말에 자극받아서 자신이 누구인지 찾아 나섰던 소크라테스가 한 고백은 '나는 나 자신이 누구인지 모르겠다'라는 말이 있다. 그런데도 소크라테스가 그리스 아테네의 최고의 현자라는 위치에 자리매김하는 데는 '자기는 자기가 모른다숟가락는 사실을 아는데, 사람들은 자기가 숟가락이라는 사실을 모르고 혀인 것처럼 살아가기 때문이다'라고 사람들은 말한다.

우리는 이제 다음과 같은 자기 고백이 필요할 것 같다.

나는 ~ ~ 한 부분에서는 숟가락이다. 그렇지만 나는 ~ ~ 한 영역에서는 혀라고 할 수도 있다.

자신이 혀라고 할 만한 것들에는 어떤 것들이 있는지를 점검해보는 것도 소위 소크라테스가 되기 위한 과정이 아니겠는가!

남편은 나의 성장을 바라지 않는다

'양동이 속에 있는 게crabs in the bucket'라는 말이 있다. 양동이 속에 게를 집어넣고 뚜껑을 닫아 두지 않아도 단 한 마리의 게도 양동이 밖으로 탈출할 수 없다는 것을 일컫는 말이다. 한 마리만 있으면 양동이 밖으로 탈출할 수도 있겠지만, 여러 마리가 함께 있으면 어느 한 마리가 탈출하려고 양동이 입구를 향해 올라가면, 다른 게들이 못 나가게 끌어내리는 바람에 결국 한 마리도 탈출하지 못한다. 고스란히 모두가 양동이에 갇혀서 운명의 날만 기다리게 되는 신세에 놓이게 된다.

사실 게들이 인간의 해석대로 그런 의도를 가지고 다른 게들이 밖으로 나가지 못하도록 끌어당기는 것인지는 알 수가 없지만, 결과적으로는 그런 셈이 된다. 여기서 생긴 말이 '크랩 멘탈리티crab mentality'이다. 이것은 우리 인간도 상대의 성공과 성장을 바라지 않는 심리적 특성이 있다는 것을 의미한다. 자신과 밀접한 관계가 있는 배우자나 친구들의 변화와 성장을 방해하거나 말리려 드는 속물적 근성이 있다는 것을 묘사하는 어휘다. 이러한 행동의 저변에는 우리의 질투심이 놓여있다.

또 다른 해석은 이렇다. 우리 인간도 양동이 속의 게처럼 서로를 끌어당긴다. 그 이유는 무엇일까? 인간은 불확실성을 싫어하고 안정을 추구하는 경향이 있기 때문이다. 우리는 우리가 알고 있는 사람들이 예측할 수 있게 행동하기를 원한다. 가정이나. 우리가 속한 공동체는 서로가 예측할 수 있게 행동하는 문화를 공유하고 있다. 그런데 공동체 구성원 중의 누군가가 새로운 문화를 경험하고 새로운 사상을 접하고, 자신들의 예측 가능성을 벗어난 행동 양식을 하게 되었을 때는, 그것들을 받아들이기가 불편하고 어색해하며 괴로워할 수가 있다. 그래서 공유한 공동체 문화의 틀 밖으로 벗어나려는 사람들이 변화를 시도하면 극구 말리고 좌절시키려고 하는 것이다. 우리는 그들이 우리가 예측할 수 있는 상태로 남아 있기를 바라는 것이다.

결론적으로 질투가 아닌 예측 가능성을 벗어난 행동에 대한 두려움이 있는 것이다. 그 새로운 변화는 나에게 익숙한 것과의 결별을 촉발 시킬 수도 있는 위험을 내포하고 있기에 적극적으로 저항하는 것이리라. 그러나 세상은 항상 변화 속에 있다. 만일 '예측 가능성'이라는 현실에 안주하는 사고와 행동을 반복한다면, 50년, 100년 전에 그려진 지도를 가지고 탐험에 나서려는 어리석은 인간이라고 조롱받는 것을 면치 못할 것이다.

정신과 의사이자 베스트 셀러 작가이기도 한 'M. 스캇 펙'은 자신이 쓴 책 ≪아직도 가야 할 길The Road Less Traveled≫에서 "의존적인 사람은 자기가 애착하는 대상인 아내나 남편의 정신적인 성장을 두려워한다"라고 말했다. 애착과 사랑은 다르다. 애착은 사람이 아닌 동물이나 식물 심지어는 물건에도 애착을 느낄 수 있다, 주식이나 취미 활동에도 애착을 느낄 수 있다는 말이다. 그런 애착을 하게 되면 애착의 대상이 정신적으로 성장하거나 좀 더 차원 높은 존재로의 변화를 체험할 수는 없다.

그러나 사랑은 그 사랑의 행위를 통해서 자신과 상대방 모두 정신적으로 성장하고 인격적으로 완성도 높은 존재로 거듭나도록 돕는 것이다. 그런데 만일 우리가 남편이나 아내의 정신적 성장을 두려워하여 그들의 변화와 성장을 방해하거나 좌절시킨다면, 우리는 그들을 사랑의 대상이 아닌 의존적 종속의 대상으로 전락시켜 애착하는 것이다. 그저 현실에 안주하여 양동이 밖으로 나가려는 다른 게들의 탈출 시도를 방해하고 좌절시키는 '양동이 속의 게'처럼 살아가는 것에 불과하다.

만일 우리가 아내나 남편의 변화와 성장을 두려워하고 있다면, 우리는 그들을 사랑하는 것이 아니라, 애착의 대상으로 여기고, 그들에게 의존하려는 심리 상태에 있다는 것을 빨리 깨달을 필요가 있다. 우리가 누군가를 필요한 존재로 여기고 있다면, 자신이 정신적 불구상태라는 증거이다. 그 상태로는 누구도 진정으로 사랑할 수가 없다. 누군가를 정말로 사랑하려고 한다면 자신의 정신적 불구상태를 하루빨리 치료해야 한다.

정신적 불구상태를 치료하기 위해서는 전문가의 도움을

받거나 스스로 정서적인 건강함을 회복하기 위한 부단한 노력을 해야 할 것이다. 내가 강조하는 정서적 건강을 위한 4가지 실천 사항은 다음과 같다.

1. 청소하라. 몸과 마음, 자신이 생활하는 차, 집, 일터
2. 운동하라. 몸과 마음은 하나의 시스템이다. 몸이 건강해야 정신도 건강하다.
3. 공부하라. 변화하는 세상을 읽고 세상의 이치를 알기 위한 공부는 멈추어서는 안 된다.
4. 쉼을 하라. 쉼은 새로운 활력 에너지를 생산하기 위한 고도의 창조행위이다.

질투심이 되었든, 예측 불가능성에 대한 두려움이 되었든, 상대에 대한 의존성이 원인이었든 간에 우리가 계속해서 '양동이 속의 게'로서 살아간다면, 우리 인류의 성장과 발전 그리고 진화로의 길은 요원한 것이 되고 말 것이다. 그러니 애착이 아닌 사랑의 존재로 거듭나는 노력을 통해 우리가 살아가는 공동체가 건강하게 유지되고 발전하는데, 일익을 담당하는 우리가 되었으면 좋겠다.

48

말들은 벽돌이 아니다

코칭에서 상담할 때면, 수많은 사연을 만난다.

- 아내가 바람을 피웠어요. 정말 비참해요.
- 친구가 돈 빌려 가서 주지를 않아요. 죽이고 싶어요.
- 남편이 맨날 술 마시고 늦게 들어와요.
  아주 징글징글해요.
- 친구가 항상 잘난 체해요. 아주 꼴불견이랍니다.
- 엄마가 공부 못한다고 아침마다 야단을 칩니다,
  아주 밥맛이어요.
- 딸이 집에만 오면 돈 헤프게 쓴다고 잔소리가 장난이
  아닙니다. 그 애만 보면 소름이 끼쳐요.
- 회사에 정각에 도착했는데도 상사가 늘 지각쟁이라고

비난하며 호통을 치더라고요. 정말 사표 확 던지고 막 욕해 주고 싶었어요.

사례들을 읽는 동안 어떤 생각이 드는가? 나였더라도 저런 감정이 들 것이라며 공감하고, 머리 끄덕이는 사람들이 많을 것 같다.

물론 긍정적인 사건들을 열거하며 자기 자랑과 자기만족을 표현하며 행복감을 표현하는 사람들도 적지 않다. 그렇지만 나를 만나 코칭을 하는 분들의 대부분은 이러저러한 이유로 자기 자신의 삶이 망가지고 불행해졌다며 어찌하면 좋겠냐고 하소연하는 경우가 많다.

사례에서 보듯이 자신의 배우자가 소위 바람을 피웠다면 우리는 어떤 감정을 느끼게 될까? 그 사건이 저절로 분노하게 하거나 좌절하게 만들고, 비참한 감정을 일으키게 한다고 생각하는 사람들이 상당수일 것이다.

만일 여기서 내가 배우자가 바람을 피운 것이 자신이 느끼는 감정의 직접적인 원인이 될 수 없다고 주장한다면, 어떤 반응을 보이겠는가?

약간 가벼운 주제를 가지고 말해 보도록 하자. 자신의 강점
과 장점 혹은 성공을 주제로 화제에 올리는 소위 잘난 체하
는 친구를 만나면, 주로 어떤 기분이 드는가? 그 친구의 자
랑질이 곧바로 나를 불쾌하게 만들고 눈살을 찌푸리게 할
까? 다시 말해 그 친구의 잘난 체가 곧바로 내가 경험하는
감정의 직접적인 원인이 되느냐고 묻는 것이다.

어떤 사건이 곧 바로 감정의 유발자일까?

사건 → 감정 ?

비폭력 대화의 저자 '마셜 B 로젠버그'는 "말은 벽돌이 아
니다."라는 심오한 통찰의 말을 남겼다. 그는 그 명제를 통해
사건이 감정을 일으키는 직접적 원인이 아니라고 강조한다.
사건은 자신이 경험하는 감정의 자극일 뿐이지 원인이 될
수 없다는 것이다. 그러면 무엇이 내 감정을 일으키는 원인
일까?
우리가 벽돌이라는 물건을 집어 들어 누군가를 내려찍으

면, 그 사람은 상처를 입지 않을 수 없다. 벽돌로 누군가를 찍는 사건이 그 상처의 직접적인 원인임이 분명하다. 그러나 말은 어떤가? 말이 벽돌처럼 곧바로 누군가에게 직접적인 상처를 줄 수 있을까? 내 대답은 '결코, 그렇지 않다.'이다. 그것은 다만 자극제였을 뿐이다.

다시 위 질문으로 되돌아가 보자. 그럼 벽돌과 달리, 말이나 사건들은 다만 자극제로 작용을 할 뿐, 직접적인 원인이 아니라면 과연 무엇이 직접적인 원인일까?

바로, 그 사건에 대한 '해석'이다.
'사건'을 어떻게 '해석'하느냐에 따라 '감정'이 결정된다.

> ### 사건 → 해석 → 감정

사건과 감정 사이에는 해석이 있다. 그래서 이런 말이 강조되기도 한다. 자극과 반응 사이에 공간을 두어라. 즉각 반응하지 말고 잠시 멈추어라. 그 공간에서 이 자극을 내가 어떻게 해석하여 어떤 감정을 경험할 것인지 결정하라. 그리고 그 감정을 발생시키기 위한 해석을 선택하라. 그것이 내가 속한 공동체의 평화의 지평을 넓히는 데 도움이 될 것이다.

이제 최초의 질문인 "배우자가 바람을 피우게 되면 모두가 비참함을 경험할까요?"에 대한 대답을 해보라.

어떤 해석을 하면 비참함을 경험하고, 어떤 해석을 하면 여여如如하거나 오히려 기쁜 감정을 경험하게 될까?

아마도 일찍이 동굴에서 해골에 들어있는 물을 마시고 해탈한 '원효대사'가 이미 이 주제에 대한 스승님이 아니겠나?

일체유심조一切唯心造니라. 모든 일에 대한 해석 수준이 너의 인격人格 수준임을 알라.

너의 빛이 너무 밝아

나는 종종 내가 자랐던 전라북도 정읍에 있는 우리 마을 뒤 산자락으로 달려가곤 한다. 물론 상상으로 말이다.

밤늦게까지 밭에서 일하던 어머니가 조금만 더, 조금만 더 하며 일 마치기를 늦춘다. 빨리 집에 가서 저녁을 먹고 싶은 내 애를 태우던 그때가 생각난다. 그러는 어머니에게 화가 나고 심술이 나서 무릎에 얼굴을 파묻고 투정을 부리는 것도 지치고 만다. 나도 모르게 나뭇가지를 꺾어 땅에 그림을 그리거나 개미집을 파헤치기도 하며, 혼자 무료함을 달래며 놀곤 했다.

하염없는 시간이 흘러 어느새 사위가 어두컴컴해 있는 것을 발견한다. 다소의 무서움과 짜증 어린 눈으로 문득 고개를 들어 하늘을 올려다본다. 그 순간 헤아릴 수없이 많은 별이 손을 내밀면 잡힐 듯이 눈앞에 바짝 다가와서 미소를 지으며 내게 말을 건네기 시작한다. 그 순간 무서움도 짜증도 어머니도 사라지고 오직 나와 별세상만 존재한다. 실제로 벌떡 일어나 손을 내밀어 별을 움켜쥐려 한 적이 있을 정도로 별이 가까이 있었다. 당시 호롱불을 켜던 시절이었으니 들판에는 별빛을 방해할 그 어떤 인위적인 불빛도 없었다. 별이 얼마나 선명한 모습으로 가까이 있었을 것인지 상상이 가는 분도 있을 것이다.

6년여 전 즈음에 대구에 있는 비슬산에서 세상과 등지고 잠시 산 적이 있다. 내가 머물던 곳은 비슬산 중턱 어느 지점에 있는 빈 음식점이었다. 그곳에 좁은 차도가 나 있는 탓에 밤에는 가로등이 환하게 켜져 있었다. 그 불빛이 옛날 고향에서 보았던 손에 잡힐 듯한 선명한 별 보기에 대한 나의 기대를 무참히 짓밟아 버렸던 기억이 난다. 그때 깨달은 것이 '빛이 빛을 가릴 수 있다.' 라는 것이다.

환갑의 나이가 되어 인생 후반전을 좀 더 의미 있게 살기 위해 전반기에 해당하는 지나온 삶을 뒤돌아보는 시간을 갖고 싶었다. 그래서 추석 연휴 기간을 이용하여 강원도 화천에 있는 '○○명상센터'에 명상 여행을 다녀온 적이 있다.

저녁 늦은 시간에 특별히 밖에 모닥불을 피워놓고 함께 온 사람들과 밤의 고요를 느끼며, 서로의 생각 나눔을 하는 기회가 있었다. 그런데 그중에 몇 분이 목소리를 높여 대화를 주도하고, 상대방이 말하는 도중에 끼어들기를 반복하곤 했다. 그러는 바람에 소위 내향적인 사람들은 자기의 얘기를 할 엄두도 못 내고 그냥 듣기만 하다가 결국 자리를 일찍 떠버리고, 목소리 크고 자기주장 강한 사람들만 남아서 듣는 사람은 없고, 말하는 사람만 있는 현장을 경험한 적이 있다. 지나치게 강한 빛이 다른 약한 빛을 가려버리는 또 다른 현장이었다.
그분들 중에 소위 사회적으로 성공한 사람도 몇 분 있었던 것 같다. 어느 한 분의 자녀 중 한 명은 일류대학 의대에서 박사과정을 하고, 또 한 명은 프랑스에 유학하여 그림이 비싼 가격에 팔리고 있다며 자기 자랑이 장난이 아니었다. 그 분은 자기 삶의 이력과 주장이 세상 사람들이 따라야 하는 표준이라도 되는 것처럼 '성공을 위해서는 이러 이러해야 해', '자식 교육을 위해서는 이러저러해야 해', '세상에 대한 원망은 나약한 자들의 자기변명에 불과해' 등의 말들을 당당하게 내뱉으며 나같이 자본주의적 삶의 패배자를 더욱 주눅 들게 만들어 버렸다. 그때 나는 때로는 '성공한 자는 폭군이 될 수 있다.' 라는 생각을 가지게 되었다. 그러면서 소위 성공의 원칙과 기준을 소리 높여 외치는 자기계발 강사들이 많은 사람을 더욱 좌절감에 빠뜨리고, 자기혐오로 이끌 수도 있다는 사실을 망각할 수도 있겠다고 생각하게 되었다.

한 번쯤, 내가 가진 불빛을 꺼두거나 아주 흐릿하게 해 두면 어떨까? 나보다 희미한 수많은 불빛이 자기를 완전히 드러내는 기쁨의 순간을 맛보게 하면 어떨까?

내게도 이런 배려심이 과연 있을까?

내 것이 아니어서 좋다

2019년 말경 전 세계를 휩쓴 전염병인 코로나바이러스-19COVID-19를 피해 밀양으로 도망친 적이 있다. 그곳에서 도시인으로의 삶에 실패한 친구가 목구멍이 포도청이 되지 않기 위해 깻잎 재배를 목적으로 비닐하우스 농사를 짓고 있었다. 나는 그걸 도우며 나도 귀농을 할 수 있을까 염탐해 보는 마음도 품고 갔다.

농사일을 돕다가 일에 지치고 흥미도 잃어서 근처에 있는 '칠탄천'이라는 강변을 산책하게 되었다. 마침 강 맞은편에 제법 큰 규모의 사원이 눈에 들어왔다. 1시간 30분 정도 걸어서 그곳에 도착했다. 그곳은 조선 시대 오한鰲漢 손기양孫起陽 : 1559~1617 선생이 벼슬을 사임하고 은둔하여 소요逍遙

하던 유허지遺虛址로 칠탄정이라는 곳이었다. 그분은 정치계를 등지고 낚시나 하면서 후학을 양성했다. 자신의 호를 오한鰲漢:귀머거리으로 바꾸어 버릴 정도로 세상일에는 담을 쌓고 은둔자의 삶을 살다 가신 분이다. '철관조어輟官釣魚:벼슬을 그만두고 고기를 낚는다'라는 말을 줄인 철조록輟釣錄을 비롯한 다수의 저서를 남기신 선생을 기리기 위한 곳이었다.

마침 칠탄정은 사람도 찾지 않고 상주하는 관리인도 없는 빈 서원이었다. 수소문하여 관리를 맡아 하는 분의 연락처를 알아내서 내가 그곳을 잠시 사용해도 좋은지 묻고 허락을 얻었다. 갑자기 내게 풍경 좋고 물 맑고 공기 좋은 별장 서원이 한 채 생긴 셈이 되었다.

숙박할 곳을 정해 청소하고 아궁이에 불을 땠다. 혼자 자려고 하니 좀 무섭다. 결국에는 친구를 불러 함께 잤다. 주말이면 도시에 사는 친구들과 코치님들을 불러 고기도 구워 먹고 낚시도 하며 즐겁게 시간을 보냈다. 그렇게 근 한 달을 유유자적悠悠自適하며 지내다가 다시 울산으로 돌아왔다. 그때의 경험을 아침 명상 글에 이렇게 적었다.

'내 것이 아니어서 좋다.'

칠탄서원을 드나들면서 느낀 것이 있다. 이렇게 풍광 좋고 평화로운 공간에서 유유자적하며 시간을 보냈다. 한편으로는 공간과 건물들이 세월의 무게를 견디지 못하고 곳곳에서 수리해 달라는 무언의 아우성으로 나를 불러 세우곤 했다. 마당에는 무성한 잡풀들이 키 자랑을 하며 불편한 눈초리로 나를 바라보곤 했다. 그러나 나는 무심으로 그런 요구들을 무시할 수 있었다. 왜냐, 이곳은 내 것이 아니었기 때문이다. 이곳이 만일 내 것이라면 관리하고 보살펴야 하는 부담감이 있을 터인데, 내 것이 아니므로 내가 오고 싶을 때 가볍게 왔다가 머무르고 싶은 만큼 머물다 떠날 수 있으니 '참 좋다'라는 생각이 들었다.

내 것이 아니니, 있어도 좋고 없어도 좋다. 최소한 내가 이곳에 있는 동안에는 내 마음대로 사용할 수 있었으니, 이 순간만큼은 내 것이었다. 소위 무소유의 소유를 경험하였다.

어떤 사람은 소위 '세컨드 하우스'의 노예가 된 사람도 있다. 공무원으로 은퇴한 어느 부부는 약 7억 원 가까운 돈을 투자하여 제법 호화로운 전원주택을 지었다. 초창기에는 주말이면 자녀들과 손주들이 그곳에 방문하여 즐겁게 한때를 보내며 행복의 웃음소리가 근처 계곡까지 울려 퍼지곤 했었다. 그러나 자녀들이 각자의 삶에 바쁘고 손주들도 학교에 다니기 시작하자 그곳을 찾는 가족들의 방문이 뜸해지기 시작했다. 급기야 그 부부는 둘이서만 그 집을 지키게 되어버렸다. 손주들이 올 때마다 용돈을 듬뿍 주겠다고 공언을 했지만, 아이들은 오지 않았다. 이제 그 부부는 다시 노동자가 되어버렸다. 조금만 방심하면 드넓은 정원에 잡초가 자라나서 눈 뜨고 볼 수 없을 지경이 되기 일수였다. 이제 그 집을 4억 원에 팔려고 해도 임자가 나서지 않는다고 했다. 한때 여유와 풍요의 상징이었던 그 집이 내 삶을 옥죄는 주인이 되어버렸다. 소유물이 오히려 그 부부의 소유주가 되어버린 격이다. 그 두 부부는 이제 여행도 다닐 수가 없다. 그 집을 관리하고 지켜야 하는 주인 아닌 노예가 되었기 때문이다. 이제 두 부부는 종일토록 청소하고 건물 관리하느라 하루의 동이 트고 해가 지는 삶을 살고 있다.

우리는 키리아코스 C. 마르키데스가 쓴 ≪사랑의 마법사

다스칼로스≫란 책에서 참으로 아름다운 말을 만날 수 있다. 함께 읽어 보자.

"진정한 소유는 가지고 있는 물질의 양에 있는 것이 아니라 우리 안에 쌓아 놓은 참된 지혜라네. 그러므로 물질에 대한 집착은 영적 진보에 방해가 되지. 꽃을 즐기기 위해서 그것을 소유할 필요는 없다네. 아름다운 꽃을 즐기기만 하면 온 세상의 정원이 다 내 것이 되지. 결코, 그것을 소유할 필요는 없는 것이라네. 실제로 자신이 소유하는 것은 가지고 있는 것이 아니라 보고 느끼는 것이라네. 어떤 것을 붙잡고 '내 것'이라고 부르는 순간, 그 사람은 가난한 사람이 되는 것이라네. 쥔 손을 놓고 '모든 것이 내 것'이라고 말해 보게. 손안에 있는 것만 자기 것이라 한정 짓지 않을 때, 그 사람은 정말 부유한 사람이 되는 거야."

소유하지 않고 소유하는 삶에서 부자의 삶을 살 수 있다는 것이다. 아, 내 것이 아니어서 참 좋다.

마침, 뉴스 속보에 태풍으로 인해 태화강 강변이 물에 잠겼다는 소식이 떴다. 태풍으로 인한 피해를 복구하려면 엄청난 비용이 요구될 것이다. 그러나 국가 정원이니까 국가나 시에서 책임지고 복구해 줄 것이니 무얼 걱정하리.

　태풍아, 몰아쳐라. 난 상관없다. 태화강은 내 것 아닌 내 것이니. 푸 하하하!

2,600년 전에 궁금해한 것들

부처님 말씀을 전하는 가장 오래된 경전 중의 하나로 알려진 ≪숫따 니빠따≫에 '알라와까의 경'이라는 장이 있다.

알라위 국의 '알라와까 약카'는 자신의 처소를 방문한 부처님을 능멸하다가 부처님을 시험하는 질문을 던진다. 그가 던지는 질문을 읽어 보며 여러분은 무엇이라고 답을 할지 스스로 생각해보았으면 좋겠다. 또한, 부처님은 이 질문에 무엇이라고 답했을 것 같은가?

1. 이 세상에서 사람에게 으뜸가는 재산은 무엇입니까?
2. 무엇을 잘 행하였을 때 행복하다고 느낍니까?
3. 맛 중에서 참으로 가장 달콤한 것은 무엇입니까?

4. 사람들은 어떻게 사는 삶이 최상이라고 말합니까?

　많은 이가 각자 자신만의 답을 찾아 고민하는 시간을 절약하려는 경향이 있다. 스스로 답을 찾기보다는 그저 남이 답을 말해주기를 기다리는 수동적 자세를 취하는 것을 말한다. 그런 삶의 자세는 고뇌의 과정을 통해야만 얻게 되는 지혜를 만날 기회를 스스로 박탈하는 것이다. 유레카의 외침 속에 맛볼 수 있는 지적 희열의 선물을 포기하는 셈이다. 자, 부처님의 지혜를 엿볼 준비가 되었는가?

1. 믿음
2. 가르침을 잘 알고 이행할 때
3. 진리

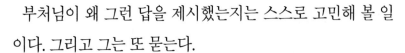

4. 지혜롭게 사는 삶
　부처님이 왜 그런 답을 제시했는지는 스스로 고민해 볼 일이다. 그리고 그는 또 묻는다.

1. 어떻게 해야 지혜를 얻습니까?
2. 어떻게 재물을 구합니까?
3. 어떻게 명성을 얻습니까?

4. 어떻게 친구들을 맺을 수 있습니까?

5. 어떻게 하면 이 세상에서 저세상으로 갈 때 슬퍼하지 않습니까?

이 질문과 대답이 오간 시점이 약 2,600년 전이라는 것을 생각해보라. 이 질문들을 보면, 그때나 지금이나 우리가 궁극적으로 궁금해하고 욕망하며 해결하고 싶은 것들은 별로 차이가 없는 것 같다.

자, 부처님은 또 어떻게 답변했을 것 같은가?

1. 열반의 성취를 위하여 아라한깨달음을 얻어 능히 다른 사람들에게 공경받을 만한 사람의 가르침을 신뢰하고, 부지런하고, 가르침을 듣고자 열망하라. 그리고 신중하라.

2. 합당한 것을 하고, 인내하고, 노력하라.

3. 진실하라.

4. 베풀어라.

5. 진리, 선함, 굳건함, 베풀기, 이 네 가지 덕성이 있는 사람

부처님의 답변을 읽고서 실망하진 않았는가? 그때나 지금이나 왕도王道 : royal road는 없다. 그러나 진리는 단순하다.

263

52

성공은 불행을 부르는 자만의 씨앗

《도덕경》 26장에 이런 말이 있다. 중위경근重爲經根, 무거운 것은 가벼운 것의 뿌리 즉, 근본이 된다는 말이다.

많은 사람이 무거운 것에 대해 여러 가지로 해석하고 있지만, 나는 무거운 것을 삶의 스승이라고 해석하고 있다. 즉, 스승을 가까이 모셔서 내가 가볍게 처신하거나 경솔하게 판단하는 우를 범하지 않도록 하고, 나를 경계하는 행위의 거울로 삼아야 한다는 것이다.

지구가 자기 궤도를 유지하고 수억 년 동안 존속하는 것은 아마도 태양이 중력의 힘으로 지구를 잡아주고 있기 때문일 것이다. 태양의 인력이 지구가 떠돌이 별이 아닌 태양계 내의 안정적인 행성의 자리를 지키며 항상성을 유지하고 있는 중요한 원인이 된다.

역사상 중심을 잡아주던 스승을 경시하고 교만에 빠져 스스로 중심인 양 처신하다가 나라를 잃고, 사랑하는 여인은 물론 스스로 죽음을 선택할 수밖에 없었던 대표적인 인물로 역발산 기개세力拔山氣蓋世로 유명한 항우項羽를 꼽을 수 있을 것이다.

그는 진시황 사후에 진나라를 멸망시키고 맞수였던 유방劉邦보다 먼저 중원의 패권을 쥘 수 있었다. 그 이유는 당대 최고의 군사 전략가로 칭송받는 범증范增이라는 책략가策略家가 있었기 때문이라고 후대의 역사가들은 평가하고 있다. 항우는 그를 범 아부亞父 즉, 아버지 버금갈 정도로 '아버지'라는 호칭으로 부를 만큼 그를 존중하였다. 그래서 항우는 범증이 제시하는 여러 가지 묘책을 수용하여 초기의 패권霸權을 장악할 수 있었다. 그러나 그가 패권을 장악하면서부터 자신의 힘과 지략을 과신하는 마음이 점차 생겨났다. 그 결과 범증의 여러 가지 제안이니 충고를 멀리하기 시작했다. 급기야 범증이 교만에 빠져 정사政事를 함부로 처리하고 귀를 닫아

버린 항우를 비난하면서 그를 떠나버렸다. 그때부터 항우의 몰락이 시작되어 결국 유방에게 대패하고 만다. 마침내, 그는 역사상 유명한 사면초가四面楚歌라는 고사의 주인공이 되어 비극적인 삶의 주인공으로서 생을 마치게 된다.

또 한 명의 주인공은 춘추전국春秋戰國시대 최초의 패자霸者로 유명한 제나라 환공桓公이다. 그를 패자의 위치에 오르도록 갖은 책략과 전술로 지모를 다했던 당대의 최고의 재상 관중管仲이 죽었다. 그는 관중이 생전에 절대 중용하지 말라고 경고했던 역아易牙를 비롯한 4명의 간신을 곁에 두고 정사를 등한시하였다. 결국, 환공은 그들의 손에 의해 비참한 최후를 맞이하게 된다. 여기 그 마지막 모습을 묘사한 글을 읽어 보자. 이 글에 등장하는 중부仲父는 항우가 범증을 범아부로 부른 것과 같은 의미로 환공이 관중을 존경하는 마음으로 불렀던 말이다.

기원전 643년 환공이 병에 걸려 자리에 누웠다. 환공의 거처는 역아와 수조, 개방이 장악했다. 이들은 환공의 명령이라는 구실로 모든 대신의 출입을 봉쇄했다. 환공은 방에 갇힌 신세가 되었다.

하루는 하녀가 방에 들어오자, 환공이 "내가 배가 고프니 죽이라도 가져오너라."했다. 하녀는 "죽이 없습니다."라고 대답했다. 환공이 "그럼 뜨거운 물이라도 가져오라, 갈증이 난다."라고 명하자, 하녀는 고개를 숙이고 "뜨거운 물 또한 얻을 수가 없습니다."라고 대답했다. 환공이 이유를 묻자, 하녀는 "역아와 수조가 거처 밖에 담장을 쌓고 아무도 이 방을 드나들지 못하게 막고 있습니다."라고 대답했다. 환공은 뜨거운 눈물을 흘렸다. 그리고 "내가 중부관중의 말을 듣지 않아 이 지경에 처했구나. 슬프구나. 내 어찌 죽어 저세상에서 중부의 얼굴을 볼 수 있겠는가!"라는 회한에 사로잡혔다.

환공은 외롭게 죽었다. 천하 영웅으로 춘추시대의 패자이며, 명군이었던 군주의 죽음치고는 너무나 비참한 최후였다.

여기에 등장하는 수조는 중국 역사에서 최초의 환관으로 기록되어 있다. 그는 환공의 측근이 되기 위해 내시를 자처하고 스스로 자기의 생식기를 거세했다. 기원전, 의술도 발달하지 않은 당시 생식기를 거세한다는 것은 목숨을 건 행동이었다. 그는 그 위험을 무릅쓰고 살아남아 최초의 환관이 되어 환공의 총애를 받은 것이다. 역아는 환공의 식도락에 대한 비위를 맞추기 위해 환공이 사람고기를 먹고 싶다고 하자, 자신의 3살짜리 아이를 죽여서 요리를 만들어 바쳤던 사람이다.

환공이 관중에게 자기의 생식기를 거세하고 아들을 죽여서까지 자신에게 충성을 바치는 사람들을 왜 경계하라고 하느냐고 묻자, 관중이 이렇게 대답했다.

"폐하, 사람에게 가장 중요한 것은 자기의 몸입니다. 이를 아끼는 것은 인지상정인데, 수조는 자신의 목적을 위해 생식기를 거세하고 내시가 되어 폐하의 옆에 있습니다. 그는 목적을 위해서라면 무엇이든 할 수 있는 자입니다. 역아 역시 마찬가지입니다. 부모와 자식 간의 정을 매몰차게 던져버리고 자식을 죽여 폐하께 음식을 바친다는 것은 인간이 할 짓이 아닙니다. 그 역시 어떤 순간이 오면 상대가 누구이든 이용할 수 있는 간신입니다."

이를 온전히 받아들이지 못한 환공이 재차 되묻는다.
"그렇다면 중부, 이들이 간신이라면 왜 지금까지 가만히 있었는가?"

"저 역시 폐하를 모시는 신하입니다. 그리고 신은 둑이 되어 흐르는 물이 넘치지 않게 했습니다. 하지만 이제 둑이 사라지면 물이 넘칠 것입니다. 그 전에 그들을 멀리 쫓아 보내야 합니다."

관중이 살아있을 때는 이처럼 환공에게 무거움으로 작용하여 중심을 잡아주었지만, 관중이 죽고 나자 입안의 혀처럼 굴던 이들에 대한 미련이 되살아나 그들과 쾌락을 즐기다가 나라를 위기에 빠뜨리고 자신도 처량한 죽음을 면할 수 없었다.

≪도덕경≫ 26장 끝에 다시금 이런 말이 등장한다. 경즉실본輕則失本, 가벼우면 근본을 잃는다는 말이다. 근본이란, 좁게는 지위나 재산 혹은 몸이라고 할 수 있고, 누군가에게는 가족이나 회사 혹은 국가일 수도 있을 것이다. 역사가 전하는 역설은 재산을 모으고 지위가 높아져 말 그대로 부귀하게 되면 무거워지는 것이 아니라 오히려 가벼워진다는 것이다. 그래서 노자는 '부귀이교 자유기구富貴而驕 自遺其咎'라는 말을 남겼다. 부하고 귀하게 되면 교만해지지 않기가 거의 불가능에 가깝다. 그러니 그로 인해 스스로 허물을 남기게 되기 마련이다. 그러므로 자신이 가볍게 처신하여 근본을 잃

지 않기 위해서는 자신의 중심을 잡아 줄 스승을 모시는 것
이 중요한 일이다. 그러나 언젠가 '다 내가 알아서 할 겨!' 라
는 말을 하게 되는 것을 알아차린다면, 이때가 바로 중심을
찾아 전심전력을 기울여야 할 때임을 자각해야 한다.

항우와 유방과 관련해서 하여何如와 여하如何라는 말이 있
다. 하여何如는 '내 아이디어가 이러이러한데 과연 어떻냐?'
라고 하며, 자기 생각이 뛰어남을 과시하는 데 목적이 있는
말이다. 여하如何는 '이런 문제 해결 방식에 대해서 너 생각
은 어떠하냐?' 라며 상대방의 묘책을 듣고자 하는 의도가 담
긴 질문이다.

항우는 힘을 갖게 되자 "하여何如?"라는 말을 자주 하며 교
만해졌고, 유방은 신하들에게 "여하如何"라는 말로 자문諮問
을 구하는 일을 게을리하지 않아서 천하를 얻었다. 즉, 항우
는 제 능력을 과시하길 좋아했고, 유방은 상대방의 능력을
사는 것을 즐겨 했다는 뜻이다.

결국, 항우는 범증이라는 무게추를 잃어서 천하를 잃었고,
환공은 관중 사후에 중심을 잡아줄 스승을 두지 않았기에
비참한 최후를 맞이했다.

부유해지고 지위가 높아지고 권력이 강해질수록 가벼움을 몸에 입기가 쉽다. 이럴수록 자신의 무게 중심을 잡아 줄 스승을 모시는 것을 잊지 말라고 노자는 깊은 경계의 말을 전하고 있다.

53

경청은 참으로 위험한 짓이다.

건강한 인간관계에서 중요시되는 요소 중 하나로 경청敬聽이 강조된다. 그런데 종종 경청은 위험한 것이 된다. 왜 위험한 것일까?

경청에는 여러 가지 정의가 있다. 그렇지만 나는 '진정한 경청이란 자기가 이미 가지고 있었던 기성既成의 지식과 신념 등을 자발적으로 비우고 듣는 것'이라고 정의한다. 장자는 자기의 생각을 텅 비우고 듣는 것을 기氣로써 듣는 것이라고 했다.

장자는 공자가 그의 제자 '안회'와의 대화를 소개하면서 진정한 듣기를 위해서는 마음을 재계齋戒한다는 의미의 심재

心齋를 다음과 같이 강조했다.

"그대는 잡념을 없애고 마음을 하나로 통일하라. 귀로 듣지 말고 마음으로 듣도록 하라. 다음에는 마음으로도 듣지 말고 기氣로 듣도록 하라. 귀는 고작 소리를 들을 뿐이고, 마음은 고작 사물을 인식할 뿐이지만, 기氣는 텅 빈 채로 모든 사물을 응하는 것이다. 도道란 오로지 텅 빈 허虛에 모이는 법이다. 이렇게 텅 비게 하는 것이 곧 심재인 것이다."

텅 비운다는 것은 무엇을 말하는가? 자신이 과거에 받은 학습이나 경험을 통해 형성된 고정관념과 신념 등을 몽땅 비우고 마음을 굶긴 상태를 말한다. 그것을 허虛, 즉 텅 빈 상태라고 말하는 것이다. 그때에야 비로소 상대방의 생각이나 주장을 온전히 이해하고 받아들일 수 있는 상태가 되는 것이다. 그러면 어떤 일이 발생하는가?

자신이 가진 기성의 사고와 주의 주장에서 벗어나 텅 빈 상태로 상대방의 말에 귀를 기울이다 보면, 상대방의 말을 왜곡하거나 일부러 거부하기보다는 충분히 수용할 수 있는 부분을 수용하게 된다. 그러면 자기가 기존에 갖고 있던 신념이나 철학 등을 기꺼이 수정하거나 바꾸게 되는 일이 발생하게 된다. 그러니 경청은 자기의 기성 세계에 변화나 수정혹은 폐기를 초래할 수도 있게 된다. 그것을 극적으로 표현하기 위해 '경청은 위험한 것'이라고 말했다.

자기가 듣고 싶은 것만 들으려 하고, 자기 생각과 부합하는것만 수용하며, 다른 것들은 배척하고 귀를 막고 있는 세상에서 경청은 실로 위험한 짓일 것이다. 그러나 이런 경청은결국에는 커다란 보상을 가져온다는 역설을 우리는 알 필요가 있다. 어떤 보상을 가져오는가? 바로 나의 성장이다. 나의관점을 잠시 내려놓고 다른 사람의 의견을 이해하기 위해서듣게 된다면 그를 통해 새로운 관점을 발견하게 될 수 있다.그것을 통해 자신의 신념을 수정하거나 더욱 발전시켜서 더넓은 시각을 확보할 수 있기 때문이다.

기성의 지식과 경험으로 쌓은 견고한 성을 스스로 파괴할수 있는 위험을 자발적으로 감수할 준비가 되어있는 자, 성장의 사다리를 확보한 사람이다.

54

명상은 공空을 향한 움직임이다

나는 6년째 매일 아침 명상을 하고 명상 글을 써오고 있다. 이 책에 소개된 글 중 여러 꼭지도 내가 아침 명상 후 썼던 글들이다. 내가 하루도 거르지 않고 명상을 해오고 있는 이유와 목적은 무엇일까? 《성난 물소 놓아주기》의 저자인 '아잔 브라흐마'는 명상冥想의 목적에 대해 이렇게 말한다.

"제대로 명상하는 데 성공하는 사람들은 잃는 사람들이다. 그들은 집착을 잃어버린다. 깨달은 사람들은 모든 것을 다 잃는다. 그들은 진정 최고의 잃는 자loser다."

그는 또 명상을 다음과 같이 재미있게 정의한다.
"명상은 공空을 향해 나아가는 움직임이다."

공은 무엇일까? 나는 '공은 없이 있는 것, 혹은 있으면서 없는 것'이라고 풀이한다. 고정된 형태나 고유한 특성이 없지만 묘하게 없지 않은 것, 즉 자기를 고집하지 않고 있는 것이라고 말할 수 있다. 아무튼, 아잔 브라흐마는 명상이 빈 존재가 되기 위한 움직임이라고 부언하고 있다고 볼 수 있다. 그러나 아이러니하게도 명상은 잃기 위해 하는 것임에도 불구하고 의도하지 않은 많은 이점을 우리에게 가져다준다. 잃어버리기 위해 하는 행동이 오히려 이득을 주다니 참 묘하고 묘한 일이다. 그러면 명상은 어떤 이득을 우리에게 가져다줄까?

여러 연구 자료에 의하면 명상은 육체적, 정신적 건강에 다음과 같은 이점을 줄 수 있다는 것을 알 수 있다.

1. 스트레스 감소 : 명상하면 신체적으로 긴장이 풀리고, 마음의 안정이 유지된다. 이는 스트레스 호르몬인 코르티솔의 분비를 감소시키고, 면역 기능을 강화한다.

2. 혈압 강하 : 명상하면 심장 박동수와 호흡이 느려지며, 이는 혈압을 내리는 데 도움을 준다. 이는 고혈압, 심장병 등

과 같은 건강 문제를 예방한다.

3. 호흡 강화 : 명상하면 깊은 호흡을 하게 된다. 이는 폐 기능을 강화하는 데 도움을 준다. 또한, 명상을 통해 심장 기능과 혈액 순환을 강화할 수 있다.

4. 불안 완화 : 명상하면 마음의 안정을 유지할 수 있으며, 이는 불안 상태를 안정시키는 데 도움을 준다.

5. 통증 완화 : 명상하면 신체적인 긴장이 풀리고, 이는 통증을 완화하는 데 도움을 준다.

6. 우울증 완화 : 명상하면 마음이 집중되고, 마음의 안정을 유지할 수 있다. 이는 우울증 증상을 완화하는 데 도움을 준다.

7. 집중력 강화 : 명상하면 마음이 집중되고, 이는 일상적인 업무나 공부를 하는 데 도움을 준다.

8. 자기 인식 증진 : 명상하면 마음이 집중되고, 자기와의

대화를 통해 자기 인식을 증진할 수 있다.

이러한 이점들 외에도 명상은 대인관계 능력을 강화하고, 문제해결 능력을 높여 성공적 삶을 살아가는 데 도움을 줄 수 있다. 또한, 혈액과 기 순환을 원활하게 해주어 외모가 아름다워지는 부수적 효과를 내고, 무엇보다 장수하는 데 지대한 영향을 끼칠 수 있다.

정리하면, 명상은 육체적, 정신적 건강을 도모하는데 탁월한 효과가 있다. 공空을 향한 움직임 과정에서 의도하지 않았지만 얻게 되는 진리에 대한 깨달음으로 궁극적인 행복과 평화를 얻는 데 도움이 된다. 잃어버리고 비우기 위해 하는  명상이 오히려 수많은 긍정적 덕목들을 우리에게 가져다준다. 그러나 이것을 생활 속에 적용하는 사람들은 그다지 많지 않다. 더 많은 소유를 위해 바쁨에 지배되는 우리의 강박증을 뛰어넘기가 쉽지 않기 때문이다. 그래서 참으로 행복한 사람은 드문 것이다.

참, 명상을 통해 최종적으로 잃어버리는 것은 무엇일까? 정답은 "나"다. 사실 나는 잃어버리는 것이 아니라 사라진다. 어디로? 자기가 온 곳으로. 도덕경에서는 그곳을 무물無物이라고 말했다. 복귀어무물復歸於無物.

55

신호등, 알아차림을 위한 앵커링 Anchoring

일요일이 되면 태화강 '국가 정원'으로 자전거를 타고 운동하러 간다. 태화강에 진입하기 전에 항상 건널목을 통과해서 간다. 그때마다 빨간불이 켜지면 멈추어 서고 파란불이 켜지면 건너간다.

오늘은 문득, 빨강 신호등 앞에 서니, "내가 지금 당장 멈추어야 할 것이 있다면 무엇이 있을까?"라는 생각이 들었다. 그러자 이런 여러 가지 생각들이 지나갔다.

- 과식하는 것 멈추기
- 지나친 음주 멈추기
- 스마트폰 보며 시간 낭비하는 것 멈추기

- 남 탓하고 비난하는 것 멈추기
- 머릿속 수많은 망상 멈추기
- 중요한 말과 행동하기 전 일단 멈추기

생각에서 빠져나와 고개를 들어보니 어느새 파랑 신호등으로 바뀌어 있었다. 서둘러 건널목을 건너고 나서 다시 멈추어 섰다. 이번에는 "내 인생에 어떤 것들에게 직진 신호를 주는 것이 좋을까?"를 생각해본다.

- 두 번째 책 쓰기
- 규칙적으로 운동하기 주 1회 이상 자전거 타기
- 적극적으로 코칭 전파하기
- 통도사 말사 걸어서 모두 방문하기

정신없이 바쁘게 살다가 자신을 잃어버리기 쉬운 현대인에게 신호등은 코칭에서 말하는 소위 앵커링닻 내리기으로 작용하는 훌륭한 알아차림의 도구로 이용될 수 있을 것이란 생각을 해보는 하루였다.

빨강 신호등 : 내가 지금 멈추면 좋은 것은 무엇인가?
파랑 신호등 : 내가 지금 실행하면 좋은 것은 무엇인가?

281

56

산을 보고 물소리를 듣는다

통도사 부속 암자 중 하나인 극락암을 탐방하면서 큰 비석
에 새겨진 관산청수關山聽水란 글을 만났다. '산을 보면서 물
소리를 듣는다.'라는 의미로 해석되는 글이다. 산을 보면서
물소리를 듣는다는 것의 진정한 의미가 무엇일까?

나는 관산청수의 의미가 무엇일까를 생각하다가 장석주
시인이 쓴 대추 한 알이라는 시가 떠올랐다. 그 시 전문을 읽
어 보자.

대추 한 알 (장석주)

저게 저절로 붉어질 리는 없다.

저 안에 태풍 몇 개
저 안에 천둥 몇 개
저 안에 벼락 몇 개

저게 저 혼자 둥글어질 리는 없다.
저 안에 무서리 내리는 몇 밤
저 안에 땡볕 두어 달
저 안에 초승달 몇 낱

대추야
너는 세상과 통하였구나

또한, 정현종 시인의 방문객이란 시도 관산청수의 의미를
되새기게 만드는 시가 아닐까 생각한다. 그 시의 일부를 읽
어 보자.

사람이 온다는 건
실은 어마어마한 일이다.
그는
그의 과거와

현재와

그리고

그의 미래와 함께 오기 때문이다.

한 사람의 인생이 오기 때문이다.

1년생 대추 한 알에서 그 대추가 하나의 열매로서 여물기까지 겪었던 온갖 풍상을 읽어내고, 내가 마주하는 한 사람에게서 그 사람의 과거와 현재와 미래를 읽어내는 시인들에게서 관산청수의 진정한 의미를 뽑아낸다.

'마셜 B 로젠버그'는 자신의 책 ≪비폭력 대화≫에서 당신의 배우자가 분노에 찬 목소리로 당신을 비난할 때, 배우자의 마음속에 숨겨진 욕구인 "help me, please."를 들을 수 있어야 한다고 강조했다. 그 또한 생활 속에서 관산청수의 경지에 오른 사람이 아니었을까?

대운大運 왔단다, 환갑을 지나서야

사주명리四柱命理를 공부하는 친구가 연습 삼아 나의 운세를 봐주겠다고 했다. 생년월일을 알려 주었더니 손뼉을 치며 축하부터 한다. 그가 건넨 말, "작년부터 대운이 왔으니 앞으로 참 좋겠다."라고 말했다.

처음에 나는 "대운은 개 코다, 무슨 대운이야?"하며 콧방귀를 뀌었다. '수입이 늘어난 것도 아니고 사회적 영향력이 커진 것도 아닌데, 무슨 대운이란 말이냐'고 반문하며 웃어넘겼다. 특히나 '이제 젊음도 다 가버린 환갑의 나이에 대운이 무슨 대수란 말이냐'며 가볍게 무시해 버렸다.

그러다 운동을 마치고 친구와 저녁을 먹으며 반주 삼아 소주를 마시면서 대화를 나누던 중, 문득 이런 생각이 머리를 스쳐 지나갔다. '바로 이런 것이 대운일 수 있겠구나.'

60살이 넘어서도 함께 놀 친구가 있고, 간혹 친구에게 술과 밥을 살 정도의 경제적 능력이 있고, 아직 술 마실 정도로 건강이 받쳐주고, 먹은 것이 소화가 잘되고, 잠도 잘 자고, 가족 구성원들이 별고가 없고, 코칭과 영어강의를 통해 어느 정도 사회적 영향력을 유지하고 사는 것, 바로 이것이 대운 중의 대운이 아니겠는가?

그러면 이런 대운이 앞으로도 꾸준히 이어지게 하려면 내가 할 일이 있음을 알았다.

첫째, 정신건강을 위해 주변 청소를 꾸준히 하며 수년째 해오고 있는 명상을 지속하고,

둘째, 육체 건강을 위해 적절한 운동도 규칙적이고 꾸준하게 실행하고,

셋째, 무탈한 삶을 지속하기 위해 삶의 이치를 알기 위한 공부도 더욱 깊이 하며,

넷째, 사람들과 관계 속에서 나의 에고EGO가 널뛰게 하지 않도록 나를 비운다.

이 4가지 사항을 일상화한다면 나의 대운은 내가 죽는 날까지 이어질 수 있음을 깨달았다.

대운이란 말에 너무 큰 기대를 걸지 않고 사소한 것 속에서 만족을 찾는 긍정적 사고를 멈추지 않는다면, 나는 평생을 대운 속에서 살 수 있을 것을 안다. '노자'도 내게 이렇게 말해준다. "지족자부知足者富" 만족함을 아는 자가 곧 부자다.